高等职业教育公共基础课系列教材

职业生涯规划实战体验手册

何 霞 方 慧 编著

机械工业出版社
CHINA MACHINE PRESS

本书是高等职业教育公共基础课教材，在国家级精品资源共享课、国家精品视频公开课程"职业规划与成功素质训练"的基础上发展而来，分为唤醒生涯意识、寻见真实自我、探索职业世界和规划职业生涯四个项目。教材秉承PBL（Problem-Based Learning）的教学理念，以成果为导向设计教学内容，从任务描述、任务实施、一分钟小结到复盘与评价，旨在让学生通过学习完成"从问题到知识，从知识到答案，从答案到结果"的全过程。"藏宝箱"提供解决问题的各种理论工具，学习目标是检验学习结果的标准。

在呈现形式上，本书通过设计符合学生学习和阅读习惯的栏目体例，以活页形式立体呈现教学内容，有利于学生进行有策略的深度学习。

本书可作为高等院校职业规划与就业指导课程的教材，或作为职业生涯规划工作坊、游戏产品以及企业员工的培训材料，亦可作为职场人士进行生涯规划与自我提升的读物。

图书在版编目（CIP）数据

职业生涯规划实战体验手册 / 何霞，方慧编著. — 北京：机械工业出版社，2021.9（2025.9重印）
高等职业教育公共基础课系列教材
ISBN 978-7-111-68900-3

Ⅰ.①职…　Ⅱ.①何…　②方…　Ⅲ.①职业选择–高等职业教育–教材　Ⅳ.①G717.38

中国版本图书馆CIP数据核字（2021）第160262号

机械工业出版社（北京市百万庄大街22号　邮政编码100037）
策划编辑：杨晓昱　　责任编辑：杨晓昱
责任校对：陈美娟　　封面设计：马精明
责任印制：单爱军

中煤（北京）印务有限公司印刷

2025年9月第1版第4次印刷
184mm×260mm · 9.25印张 · 160千字
标准书号：ISBN 978-7-111-68900-3
定价：45.00元

电话服务　　　　　　　　网络服务
客服电话：010-88361066　机　工　官　网：www.cmpbook.com
　　　　　010-88379833　机　工　官　博：weibo.com/cmp1952
　　　　　010-68326294　金　书　　　网：www.golden-book.com
封底无防伪标均为盗版　机工教育服务网：www.cmpedu.com

前　言

为适应近年来高职教育发展的新形势、新问题和新要求，我们组织编写了职业生涯策略规划课程配套教材《职业生涯规划实战体验手册》。《职业生涯规划实战体验手册》在编写过程中整合了各专业开设的行企认知和岗前辅导课程，将生涯教育前置到学生刚入学对于专业、行业和岗位非常不了解的时间节点，遵循学生职业发展的特点设置了四个项目，分别是"唤醒生涯意识""寻见真实自我""探索职业世界"和"规划职业生涯"。

教材注重生涯教育与思想政治教育的同向同行，帮助大学生树立正确的职业观、价值观、人生观和世界观，着重培养学生对职业兴趣、个人能力和就业环境做出正确决策的能力，使学生能够在研判周围环境和自身状况的基础上，结合所学专业和社会现实，做出符合自身实际、科学合理的职业规划，实现全员育人、全过程育人、全方位育人。教材在学习内容和体例的设计上，突出以下特色：

1. 以生涯理论、思政教育为基础，印染教材底色

学生的生涯困惑既有无法深入了解行职业的迷茫，又有自我认知和价值信念的偏差，这些都需要生涯理论和工具的支撑。考虑到学生的实际需要、能力水平和认知倾向，教材将艰深晦涩的生涯理论转换为简单易懂的生涯模型或工具，帮助学生及时根据外部环境变化，动态调整自身职业发展策略，从计划到策略，从单向到多维，从点到面构建独特的职业生涯地图。为了凸显生涯教育的意义和价值，教材还从职业教育人才培养的现实问题出发，响应国家提出的"让每个学生在学习中取得成功，能够具备必要的就业生存、生涯发展、服务社会的知识、技能、态度和正确的价值观"的生涯教育要求，贯彻"大学生基层就业""社会主义核心价值观"以及"工匠精神""劳模精神"等职业精神教育，引导学生将个人理想和追求融入国家民族事业中，树立正确的生涯观，明确能力提升目标以及未来的职业发展方向。

2. 以生涯问题为导向，撷取教材内容

教材注重落实和细化 PBL（Problem-Based Learning）教学法特点，从学生关注的热点、难点问题出发，融入行业企业职业标准和岗位需求等相关数据资料，以成果为导向组织单元教学，把学习过程置于复杂且富有意义的案例情境中，弱化教材的"教学材料"特征，强化教材及教学资源的"学习资料"功能。从任务描述到任务实施，再到一分钟小

结，最后到复盘与评价，旨在让学生通过学习完成"从问题到知识，从知识到答案，从答案到结果"的全过程。"藏宝箱"提供解决问题的各种工具，"学习目标"是检验学习结果的标准。最后形成个人路书帮助学生完成项目复盘与评价。教材不仅帮助学生顺利地完成学习任务，还通过灵活新颖的实践促进学生不断思考，形成符合自身和市场需求的职业生涯规划策略。

3. 以学习者为中心，设计编写体例

现有教材多强调教学体系的系统性、完整性和连贯性，难以体现"以学生为中心"前提下的教材和学习者之间的深层次互动。我们将教材结构由传统的"章节式"改为项目引领的"任务驱动式"，设计符合学生学习和阅读习惯的栏目体例，并以活页形式立体呈现教学内容。例如，在项目学习之前明确指出学习目标，以任务串的形式推进学习，并辅以"拓展案例""藏宝箱"等教学资源，为学生提供学习资源、巩固学习效果；每个任务有任务描述、任务实施、一分钟小结、复盘与评价四个环节，强调"在做的过程中学习、在学的过程中反思、在思的过程中总结"。同时，考虑到学生的学习兴趣和特点以及互联网时代碎片化的学习趋势，我们对学习内容进行适当扩展。学生可以通过扫描书中二维码，观看微课视频；"藏宝箱"和"拓展案例"栏目也为学生输送更为丰富的学习资源，进一步拓展学生对职业规划的认知水平提升，职业规划的能力。

此外，本书在编写过程中坚持"校企合作，产学研深度融合"的总体原则，与广东省企业培训研究会、新精英生涯教育科技有限公司、北森生涯研究院联合进行教材开发，以实现生涯教育与产业行业发展的紧密对接，确保教材内容涵盖生涯教育中所需掌握的全部知识点和技能点，教学资源高度颗粒化，在内容设计、教学实施、过程记录、教学评价等方面形成完整闭环，并有效实现线上线下混合式教学。

本书由广州番禺职业技术学院何霞负责整体框架设计，统稿并编著项目一、二、三、四的具体内容；方慧负责编写学习指南、互动对话、项目一任务2中的子任务1和2、项目四中的任务3；两人共同完成藏宝箱、拓展案例及教学视频的制作跟进工作。全月红、褟伟强、刘俊丽在编写过程中提供了很多宝贵建议。同时，本书也得到了同行们的支持和机械工业出版社的帮助，在此一并向他们表示诚挚的谢意。受限于编者自身水平，书中难免会有诸多纰漏和不足，请广大读者批评指正。

编　者

学习指南

从接到大学录取通知书的那一刻起，我们就对大学的一切都充满好奇与憧憬，不断在心中勾画未来的学习场景和职业蓝图。我们将学些什么、在哪方面努力才能充分把握接下来的大学时光，度过一段难忘而又不留遗憾的大学生活？如何才能找到自己喜欢又擅长的工作，过上自己想要的生活？如果你也有上述疑问，这本书将帮助你更好地进行职业生涯规划，谋求自我职业的更好发展。

在学习之前，先介绍本书的学习方法和路径。本书分为唤醒生涯意识、寻见真实自我、探索职业世界、规划职业生涯四个项目，按照角色定位、兴趣认知、能力探索、职业规划的进程推进学习。

项目一：唤醒生涯意识。通过角色定位和价值观探索，了解自己内心真正想要的，找到职业发展方向。

项目二：寻见真实自我。通过发现真我、认知真我、活出真我等学习实践活动，形成完整的自我认知。

项目三：探索职业世界。通过"点线面体"四个层面的分析，纵观全局，找到职业发展路径。

项目四：规划职业生涯。通过明确自己的职业目标，拟订行动计划，制订职业发展策略。

下面，以"项目一唤醒生涯意识"为例，按照"学习目标→任务描述→任务实施→复盘与评价→拓展案例→藏宝箱"的思路进行学习和探索。

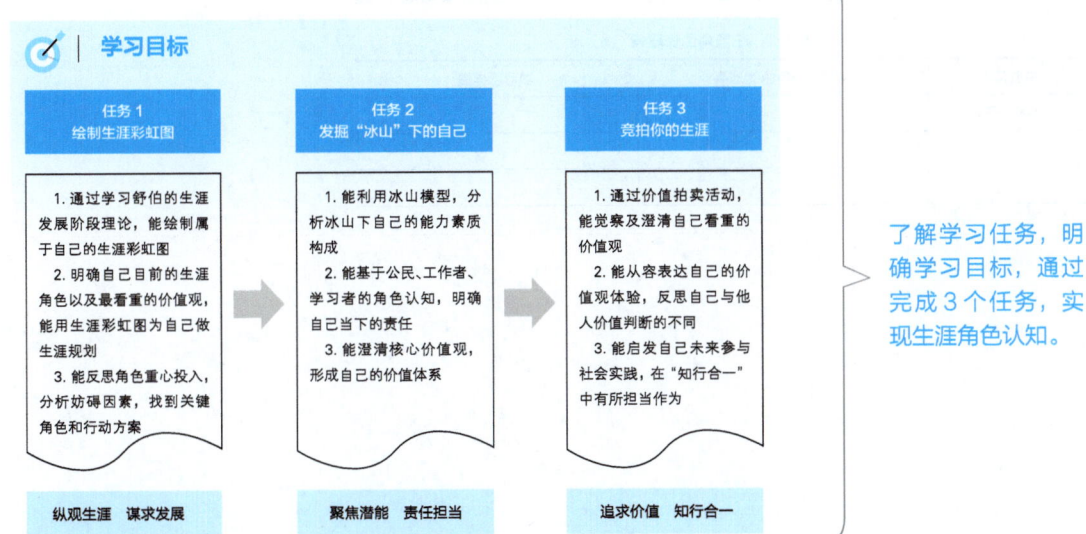

🎯 | 学习目标

任务 1 绘制生涯彩虹图	任务 2 发掘"冰山"下的自己	任务 3 竞拍你的生涯
1. 通过学习舒伯的生涯发展阶段理论，能绘制属于自己的生涯彩虹图 2. 明确自己目前的生涯角色以及最看重的价值观，能用生涯彩虹图为自己做生涯规划 3. 能反思角色重心投入，分析妨碍因素，找到关键角色和行动方案	1. 能利用冰山模型，分析冰山下自己的能力素质构成 2. 能基于公民、工作者、学习者的角色认知，明确自己当下的责任 3. 能澄清核心价值观，形成自己的价值体系	1. 通过价值拍卖活动，能觉察及澄清自己看重的价值观 2. 能从容表达自己的价值观体验，反思自己与他人价值判断的不同 3. 能启发自己未来参与社会实践，在"知行合一"中有所担当作为
纵观生涯　谋求发展	聚焦潜能　责任担当	追求价值　知行合一

了解学习任务，明确学习目标，通过完成 3 个任务，实现生涯角色认知。

V

任务描述

人的一生要经历不同的阶段，扮演许许多多的角色，就像彩虹一样多彩多姿。大学不是象牙塔，我们不能像中学一样只知道闭门读书。大学是一个人从学生时代进入职场的重要备战期，更是思考未来职业发展的重要起点。学会用生涯彩虹图为自己做职业规划，对于刚进入大学的新生来说非常必要。

> 来到大学这个新的起点，我该如何做好人生规划呢？

> 高等教育是一个新的学习阶段，我们要先明确自己的身份和角色，再来探讨该做什么以及如何做！

> 是的！是应该要一步步明确自己的身份和角色！谢谢您，老师！

了解任务背景，明确任务目标，带着思考和任务去学习。

任务实施

Step 01 观察舒伯生涯彩虹图的外层，梳理 5 个主要的生涯发展阶段，并填写表 1-1。

表 1-1　生涯主要发展阶段

生涯主要发展阶段	估算年龄	发展任务	你当前的生涯发展阶段
举例：成长阶段	0~12 岁	身心成长，完成义务教育学习	生涯阶段：＿＿＿＿＿
			核心任务：＿＿＿＿＿
			行动主张：＿＿＿＿＿

Step 02 学习各个生涯角色的含义，列出自己在当前阶段的生涯角色，并填写表 1-2。

表 1-2　生涯角色梳理表

生涯角色	你对生涯角色的理解	学习怎样做
举例：子女		

遵循科学思路，充分利用藏宝箱里的工具，分步骤实施任务。

复盘与评价

任务名称		姓名		所在团队		日期	

请用思维导图进行复盘，并呈现对你影响深刻的启发和你打算采取的行动。

注：根据生涯竞拍的结果，明确你内心最根本的价值诉求，并按照价值排序梳理自己的核心价值体系及当前可以采取的行动。

评价指标	自我评价	组内互评	教师评价
区分人生抉择中的想要与需要（20分）			
明确自我价值需求（20分）			
理智对待他人的评价（20分）			
总结竞拍中的成功经验与失败教训（20分）			
明确实现价值的行动路径（20分）			
总分（100分）			

无复盘不学习！完成每一个任务之后，通过复盘与评价梳理任务完成情况。

拓展案例

"网红经济"红遍大江南北，"网红主播"也随之兴起，小林将此立为职业目标。2020年7月6日，人力资源和社会保障部等三部门向社会公开发布9个新职业，"网红主播"正式的职业称谓是"网络销售员"。请根据所学，从公民、工作者和学习者三方面分析"网红主播"所对应的角色定位，并构建自己的价值体系。以下4个问题，建议用思维导图进行分析。

请分析：

1. 你如何认知"网红主播"所承担的公民角色？

_____

_____

_____

2. 你如何认知"网红主播"所承担的工作者角色？

_____

_____

_____

_____

通过拓展案例的学习，强化对知识点的认知。

藏 宝 箱

TC 01：舒伯生涯发展阶段

舒伯将生涯分为5个阶段，每个阶段都有其各自的发展任务，见表1-16。大学生的生涯发展阶段属于探索期，这个阶段主要的生涯发展任务是从多种机会中探索自我、认知自我，逐渐确定职业偏好，为将来的职业选择打好基础。

表1-16　生涯发展的5个阶段

阶段	年龄跨度	时期	发展任务的重点或特点
成长期 0~14岁	0~10岁	幻想	接受家庭教育与父母影响
	11~12岁	兴趣	适应学校与社会生活
	13~14岁	能力	了解工作的意义，逐渐认识自己
探索期 15~24岁	15~17岁	试探	考虑需要、兴趣、能力及机会，做暂时的决定，并在幻想、讨论、课业及工作中加以尝试
	18~21岁	过渡	进入就业市场或专业训练，更重视现实，并力图实现自我观念，将一般性的选择转为特定的选择
	22~24岁	实践	生涯初步确定并试验其成为长期职业生涯的可能性，若不适合，则可能再经历上述各时期，以确定方向
建立期 25~44岁	25~30岁	尝试	选择、安置阶段，由于经过上一阶段的尝试，不合适者会谋求变迁或做其他探索
	31~44岁	稳定	个体致力于工作上的稳固，大部分人处于最具创意时期，由于资深，往往业绩优良
维持期 45~60岁	45~60岁	维持	属于升迁和专精阶段。个体仍希望继续拥有属于他的工作职位，同时会面对新进人员的挑战。这一阶段发展的任务是维持既有成就与地位
衰退期 60岁以后	60岁以后	衰退	适应退休生活，发展新的角色

藏宝箱中有完成任务所需的工具，按照任务实施的先后顺序进行排列。

微课视频清单

微课名称	二维码	微课名称	二维码
微课 1：兴趣三层级		微课 8：职业发展策略	
微课 2：乔哈里窗		微课 9：ESTO 模型	
微课 3：能力三核		微课 10：生涯彩虹图	
微课 4：PEST 模型		微课 11：霍兰德职业兴趣类型	
微课 5：PLACE 模型		微课 12：绘制生命线	
微课 6：SWOT 模型		微课 13：职业价值观	
微课 7：职业地图			

藏宝箱索引

项目一

唤醒生涯意识

TC 01：舒伯生涯发展阶段　　　　032

TC 02：舒伯生涯彩虹图　　　　032

TC 03：中国人的价值观　　　　033

TC 04：丰田 5WHY 提问法　　　　035

TC 05：冰山模型　　　　036

TC 06：SMART 原则　　　　037

项目二

寻见真实自我

TC 01：霍兰德六种职业倾向类型特征　　　　077

TC 02：卡尔柯乞的 20 项标准　　　　078

TC 03：乔哈里窗　　　　078

TC 04：印象管理　　　　079

TC 05：萨维科斯的生涯五问　　　　080

TC 06：STAR 法则　　　　080

项目三

探索职业世界

TC 01：点线面体的定位逻辑　　　　107

TC 02：十二大行业分类列表　　　　107

TC 03：行职企调研信息收集渠道　　　　108

TC 04：八大工作职能　　　　109

TC 05：常见的五种职业能力　　　　110

TC 06：六大行业的人才需求重点　　　　110

TC 07：行业生命周期曲线　　　　111

项目四

规划职业生涯

TC 01：职业地图　　　　132

TC 02：能力优势矩阵　　　　132

TC 03：职业定位十字架　　　　133

TC 04：职业能力　　　　134

目　录

前言

学习指南

微课视频清单

藏宝箱索引

项目一

唤醒生涯意识

任务 1	绘制生涯彩虹图	001
任务 2	发掘"冰山"下的自己	007
任务 3	竞拍你的生涯	019
拓展案例		031
藏宝箱		032

项目二

寻见真实自我

任务 1	发现真我	039
任务 2	认知真我	049
任务 3	活出真我	065
拓展案例		077
藏宝箱		078

项目三

探索职业世界

任务 1	识别发展趋势	083
任务 2	分析行业信息	089
任务 3	调研头部企业	093
任务 4	学会专业化生存	099

拓展案例   105

藏宝箱   107

项目四

规划职业生涯

任务 1   明确职业目标   113

任务 2   拟订行动计划   119

任务 3   制订发展策略   125

拓展案例   131

藏宝箱   132

参 考 文 献   136

项目一　唤醒生涯意识

学习目标

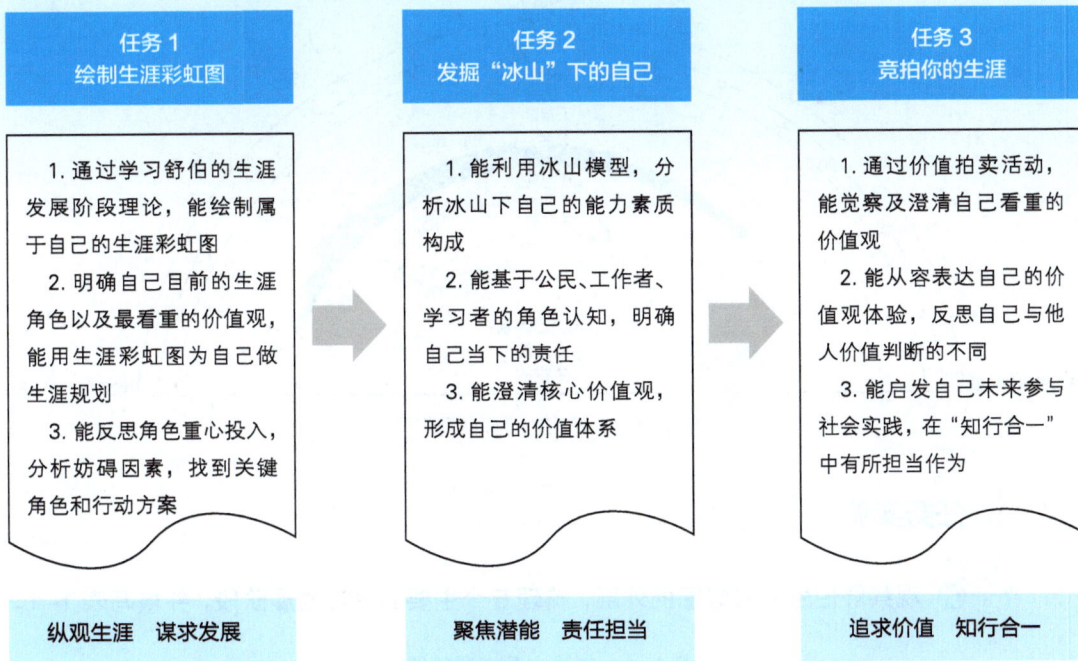

任务 1 绘制生涯彩虹图	任务 2 发掘"冰山"下的自己	任务 3 竞拍你的生涯
1. 通过学习舒伯的生涯发展阶段理论，能绘制属于自己的生涯彩虹图 2. 明确自己目前的生涯角色以及最看重的价值观，能用生涯彩虹图为自己做生涯规划 3. 能反思角色重心投入，分析妨碍因素，找到关键角色和行动方案	1. 能利用冰山模型，分析冰山下自己的能力素质构成 2. 能基于公民、工作者、学习者的角色认知，明确自己当下的责任 3. 能澄清核心价值观，形成自己的价值体系	1. 通过价值拍卖活动，能觉察及澄清自己看重的价值观 2. 能从容表达自己的价值观体验，反思自己与他人价值判断的不同 3. 能启发自己未来参与社会实践，在"知行合一"中有所担当作为
纵观生涯　谋求发展	聚焦潜能　责任担当	追求价值　知行合一

任务 1　绘制生涯彩虹图

任务描述

人的一生要经历不同的阶段，扮演许许多多的角色，就像彩虹一样多彩多姿。大学不是象牙塔，我们不能像中学一样只知道闭门读书。大学是一个人从学生时代进入职场的重要备战期，更是思考未来职业发展的重要起点。学会用生涯彩虹图为自己做职业规划，对于刚进入大学的新生来说非常必要。

我们常常会面临各种困扰，有时还会感到空

来到大学这个新的起点，我该如何做好人生规划呢？

高等教育是一个新的学习阶段，我们要先明确自己的身份和角色，再来探讨该做什么以及如何做！

是的！是应该要一步步明确自己的身份和角色！谢谢您，老师！

虚无趣或者不知所措，这往往是重要的生涯角色冲突所致。如果能处理好这些角色之间的关系，我们就能在多重角色间保持平衡，避免出现顾此失彼的情况。接下来，我们跟随大学新生小燕一起学习生涯彩虹图（见图1-1），用它梳理我们目前的状态，尽早规划我们的职业方向，开始职业生涯的探索吧！

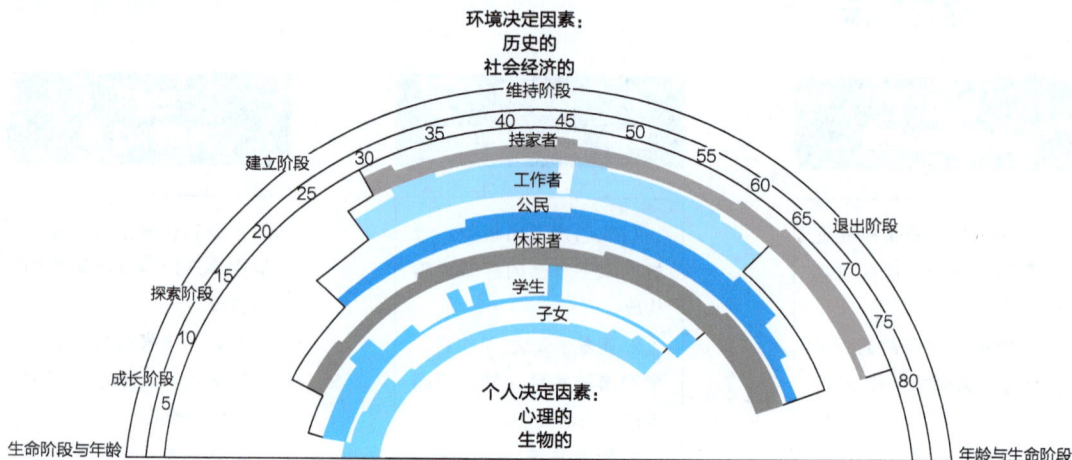

图 1-1　舒伯生涯彩虹图

任务实施

Step 01 观察舒伯生涯彩虹图的外层，梳理 5 个主要的生涯发展阶段，并填写表 1-1。

表 1-1　生涯主要发展阶段

生涯主要发展阶段	估算年龄	发展任务	你当前的生涯发展阶段
举例：成长阶段	0~12 岁	身心成长，完成义务教育学习	
			生涯阶段：_____
			核心任务：_____
			行动主张：_____

Step 02 学习各个生涯角色的含义，列出自己在当前阶段的生涯角色，并填写表 1-2。

表 1-2　生涯角色梳理表

生涯角色	你对生涯角色的理解	学习怎样做
举例：子女		

（续）

生涯角色	你对生涯角色的理解	学习怎样做
其他		

Step 03 请在图 1-2 上调配你对于未来生涯发展阶段中各种生涯角色的精力分配计划，找出现阶段生涯角色的重心，绘制属于自己的生涯彩虹图。

1. 绘制空白的生涯彩虹图模板。请用不同颜色的笔完成生涯彩虹图的绘制任务，两种颜色对应一个角色。

2. 在图 1-2 的中轴线上拟定生涯角色。思考在你的一生，你曾经、现在、未来做过或想成为什么角色？你怎么定义这些角色？每个人心中的答案都可能有所不同，给自己一点时间想想。角色名称可参考舒伯生涯彩虹图，也可按照你自己对于生涯角色的理解自拟。

3. 按照角色出场的先后顺序，由内而外绘制涂色。根据自己对过去成长痕迹和目前发展状况的审视，以及对未来可能发展方向的展望，判断在某个年龄阶段你将把主要的时间和精力放在哪个角色上，在该年龄阶段对应的角色弧形上涂上你喜欢的颜色。颜色弧形越长，表示这个角色的周期越长，色带越宽表示你对这个角色的投入程度越高，色带越窄，表示你对这个角色的投入越少。

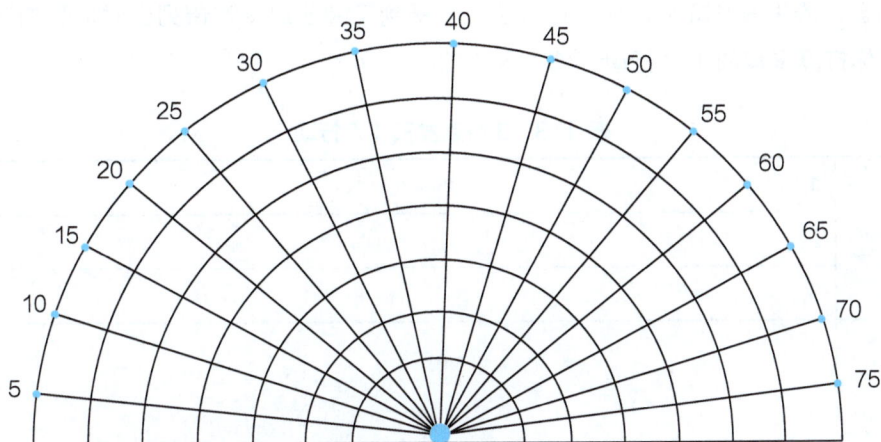

注：“5~75”表示年龄段。
　　“空格”表示投入的精力和时间的程度。

图 1-2　生涯彩虹图模板

Step 04 完成图 1-2 后，请分析一下你在某种角色上投入的时间和精力是否符合自己的期望。可以和同学一起分享，以加深自己对生涯彩虹图的理解。

_____

_____

_____

_____

_____

Step 05 与同学交换各自的生涯彩虹图。别人的生涯彩虹图与自己有哪些不同？对自己有什么启发？

_____

_____

_____

_____

_____

_____

一分钟小结

看到自己的生涯彩虹图，你有什么感触？受到了哪些启发？请列出对你影响深刻的 3 点启发和你打算采取的 1 个行动，填入表 1-3。

表 1-3　3 点启发和 1 个行动

启发	1.
	2.
	3.
行动	

复盘与评价

任务名称		姓名		所在团队		日期	

请用思维导图进行复盘，并呈现对你影响深刻的启发和你打算采取的行动。

注：请按由主到次的顺序排列当前阶段的生涯角色。

评价指标	自我评价	组内互评	教师评价
理解生涯的五个发展阶段及任务（20分）			
明确当前阶段的生涯角色与重心（20分）			
清晰当前阶段的角色职责（20分）			
评估当前阶段的角色履行现状（20分）			
对比并强化自己当前的行动（20分）			
总分（100分）			

任务 2　发掘"冰山"下的自己

任务描述

在了解自己生涯角色的基础上，小燕打算进一步剖析自己。她希望借助如图 1-3 所示的冰山模型，探索自己的能力素质构成，发掘更多的能力潜能，明确未来的职业发展方向；通过学习社会主义核心价值观，形成对公民的角色认知；通过梳理自己的职业价值观，形成对工作者的角色认知；通过阅读瑞·达利欧《原则》一书，形成对学习者的角色认知；最终基于对公民、工作者、学习者的角色认知，形成自己的价值体系。让我们跟随她的脚步，一起来学习吧！

> 我就是小白一个，啥也不会，芸芸众生，我好像也没什么特别的地方啊！

> 如果不深入发掘，可能我们会觉得自己很普通，事实上，我们每个人都是一个独特的个体，冰山模型可以帮助我们发掘"独特"之处！

> 好期待啊！想看看"冰山"下的自己！

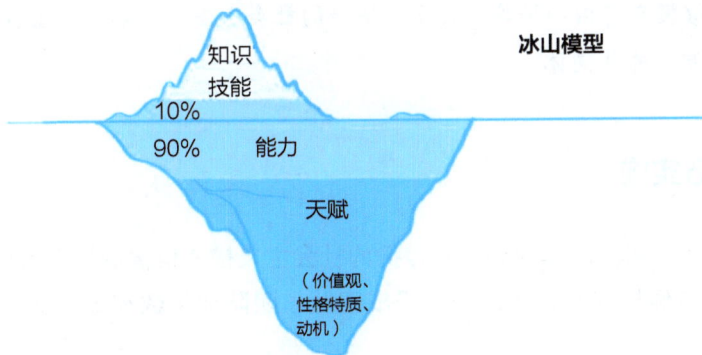

图 1-3　冰山模型

子任务 1：公民角色认知

子任务描述

小燕逐步认知到自己的价值追求，作为一个公民，我们每个人都是社会主义核心价值观的"代言人"。小燕号召班级组织一场搜寻"我身边的社会主义核心价值观代言人"活动，挖掘并分享他们的故事。代言人可以是坚持勤工助学的敬业者，也可以是诚信考试、诚信还贷的践行者，还可以是困难时及时向我们伸出援手的友善者。请跟随小燕一起实施子任务 1，完成表 1-4 的信息收集吧！

表 1-4　社会主义核心价值观代言人_____的故事

核心价值观		代言人		背景介绍：
代言人 选择标准	1.			
	2.			
	3.			
典型事件		挖掘价值	行动指南	

小提示　社会主义核心价值观凝聚了中国社会价值共识。富强、民主、文明、和谐是国家层面的价值目标，自由、平等、公正、法治是社会层面的价值取向，爱国、敬业、诚信、友善是公民个人层面的价值准则，这 24 个字是社会主义核心价值观的基本内容，为培育和践行社会主义核心价值观提供了基本遵循。作为中国公民，做到爱国、敬业、诚信、友善，就能够拥有自由、平等、公正、法治的社会，国家自然能够富强、民主、文明、和谐，形成和谐发展的共同体。

子任务实施

Step 01 任务分组。从作为公民应遵循的社会主义核心价值观三个层面中，选择一个层面，找到做出与你相同选择的同学，组成团队，团队成员数在 3~5 人。将任务分配填入表 1-5。

表 1-5　学生任务分配表

班级		组号		核心价值观	
团队角色	姓名	任务分工			

Step 02 工作准备。

1. 查阅相关文件、文献资料，了解社会主义核心价值观的内涵。

2. 针对选取的核心价值观关键词，深入学习，领悟要义，反思行动指向。

Step 03 邀约访谈。

1. 回顾身边典型事件、典型人物，选择与核心价值观最为匹配的代言人。

2. 制作访谈提纲，邀约并进行人物访谈，记录于表 1-4 中。

Step 04 分享代言。

1. 根据表 1-4 的内容，撰写 300~500 字的榜样故事，建议匹配相关照片或视频。人物故事可参考《感动中国》专题片。

2. 采用现场自述或他述的方式，在课后组织"为社会主义核心价值观代言"的主题班会或演讲活动。

一分钟小结

完成本任务后，你有什么感触？受到了哪些启发？请列出对你影响深刻的 3 点启发和你打算采取的 1 个行动，填入表 1-6。

表 1-6　3 点启发和 1 个行动

启发	1.
	2.
	3.
行动	

子任务 2：工作者角色认知

子任务描述

现在小燕对于自己作为公民的核心价值观有了更清晰的认识，她明确了自己人生观念中什么才是最重要、最值得的，以及这些价值观之间的关系。同时，作为一个准工作者，当面临职业抉择时，是追寻高薪、社会名声、助人机会，增加职业安全感，还是经济独立、生活幸福？

　　职业价值观指人生目标和人生态度在职业选择方面的具体表现，是我们选择职业的重要因素，职业价值观提供了"在职业选择中什么对我最重要"这个问题的判断准则，弄清楚职业价值观的重要性排序，会帮助自己更加坚定准确地做出决策。要注意的是，由于每个人所处的环境和人生阶段以及际遇不同，使得我们在职业选择中表现出不同的行为倾向，在人生的不同阶段所表现出来的价值追求也不同。

　　下面，让我们跟随小燕一起来梳理自己的职业价值观吧！

子任务实施

　　Step 01 将获得和失去每个职业价值观的感受打分并排序，填入表1–7。

表1–7　职业价值观的重要性

职业价值观	获得感（1~10打分，1为最弱，10为最强）	剥夺感（1~10打分，1为最弱，10为最强）	职业价值观排序
收入待遇			
环境舒适			
公平公正			
平衡生活			
工作稳定			
持续挑战			
成长发展			
他人认可			
人际和谐			
管理权力			
开拓创造			
志趣满足			
多样变化			
独立自主			
助人利他			
人际拓展			

　　Step 02 仔细评估自己的感受，思考"如果从这16项职业价值观中挑选，留下最重要的8项价值观，你会选择留下哪几项？"请在表1–8中填入你最重视的8项职业价值观，并阐明理由。

表 1-8 最重要的 8 项职业价值观

职业价值观	你的理由
1.	
2.	
3.	
4.	
5.	
6.	
7.	
8.	

Step 03 如果突然发生一场变故，让你不得不放弃其中的 2 项，只保留 6 项，你会选择去掉哪 2 项呢？将保留下来的 6 项职业价值观填入表 1-9。

表 1-9 最重要的 6 项职业价值观

职业价值观	你的理由
1.	
2.	
3.	
4.	
5.	
6.	

注：尽量不让自己看到表 1-8 中的内容。

Step 04 如果让你再经历一次选择，从 6 项选择再去掉 2 项，只能留下 4 项职业价值观，那又是哪 4 项职业价值观呢？将结果填入表 1-10。

表 1-10 最重要的 4 项职业价值观

职业价值观	你的理由
1.	
2.	
3.	
4.	

注：尽量不让自己看到表 1-9 中的内容。

Step 05 最后让你不得不再失去其中的 1 项，保留 3 项最核心的价值观，你又会如何选择呢？

核心职业价值观 1：_____　　核心职业价值观 2：_____

核心职业价值观 3：_____

一分钟小结

3 项核心价值观现在已经有了吗？梳理完你的职业价值观以后，请尝试着回答以下 5 个问题：

第 1 个问题：你现在或设想未来可能遇到的职业困惑是什么？

_____

_____

第 2 个问题：这些职业困惑与你选择的这 3 项核心价值观有什么联系？

_____

_____

第 3 个问题：你什么时候体验过这些价值观带给你的快乐与满足感？

_____

_____

_____

第 4 个问题：如果你想要一直践行这些价值观，你觉得还可以做些什么？

_____

_____

_____

第 5 个问题：在价值观澄清过程中，你是不是有某些选项一直删除不了？是不是觉得什么都想要，又或者好像一直不知道自己要什么？你是哪种状态？你觉得是什么原因造成的？

_____

_____

_____

子任务 3：学习者角色认知

子任务描述

　　了解了自己作为中国公民的价值定位和作为准工作者的价值定位后，小燕更希望能够清晰自己作为学习者的价值定位。特别是刚刚进入大学阶段，小燕在学习上感到有些迷惘、困惑和不知所措，毕竟大学的学习方式与中学时代有很大不同。为了让自己尽快适应大学的学习，找到自己作为学习者的角色定位，小燕开始阅读瑞·达利欧写的《原则》一书，当然，你也可以自己选择相关书目阅读，完成本项任务。

子任务实施

　　根据子任务实施的 3 个步骤，完成表 1-11 的阅读卡片。

表 1-11 ＿＿＿＿＿＿＿＿的阅读卡片

书名	《原则》（作者：瑞·达利欧）			金句：
问题	1.			
	2.			
	3.			
关键词 / 概念 1：＿＿	关键词 / 概念 4：＿＿		关键词 / 概念 7：＿＿	
页码： 触点：	页码： 触点：		页码： 触点：	
关键词 / 概念 2：＿＿	关键词 / 概念 5：＿＿		关键词 / 概念 8：＿＿	行动：
页码： 触点：	页码： 触点：		页码： 触点：	
关键词 / 概念 3：＿＿	关键词 / 概念 6：＿＿		关键词 / 概念 9：＿＿	
页码： 触点：	页码： 触点：		页码： 触点：	

Step 01 搜索书名及作者简介，提出疑问"我希望通过阅读得到什么问题的答案？"

WHY——为什么要阅读这本书？

WHAT——我希望从这本书中获得什么？

HOW——如何将书中内容跟职业生涯规划主题关联？

Step 02 围绕你的问题，快速浏览目录及书中重点内容，找出书中的关键词／概念，填入表 1–11，并记录所在页码。

1. 填入阅读卡片的关键词／概念以专有名词、数字、格言金句或者其他让你心动的内容为主。

2. 着重阅读书中跟设定问题及关键词／概念有关的部分，在表 1–11 中记录启发自己的触点，注意要与设定问题以及之前阅读过的类似内容关联。

Step 03 对 9 个关键词／概念进行归类，形成行动计划。

1. 认真审视表 1–11 中的关键词／概念，将相互关联的词用同一种颜色圈出，特别重要的关键词／概念可用红色标记。

2. 从问题出发，在归并后的信息中提炼出 3 个关键词（视角），总结成一条能够回答之前问题的信息，也就是通过 3 个关键词来整合并回答你在这一本书中的学习所得，并用简单的语言做 1 分钟表述。

⏱ 一分钟小结

从_____这个问题入手，我阅读了_____，得到以下 3 点启示：

1._____

2._____

3._____

阅读本书之后，我决定从此以后要着手开展的行动是_____

_____

_____

小提示

1. 阅读之前，设定的问题越具体越好。

2. 快速阅读时间一般设定为 15~30 分钟。

3. 筛选出的关键词 / 概念一定要能够代表本书的主要观点或者你寻求的问题答案，这一点非常重要，因为若关键词 / 概念选择不当，可能会产生对书的曲解。

4. 为了帮助回忆，请在如表 1-11 所示的阅读卡片上标明日期。

5. 这种高效阅读法更适用于实用性的、经营管理或资讯类书籍。在阅读这类书籍时，我们大多希望从书中找到方法解决工作和学习中遇到的实际问题，或是从书中找到原理、观念或理论来支持演示或汇报的观点、论证或论据，因此通常带着问题和明确的目的。

6. 高效阅读不能仅仅依靠单一的工具和模板，还需要磨炼阅读理解能力和逻辑思维能力，在此基础上才能提取到准确信息。

子任务 4：形成自己的价值体系

子任务描述

作为一名大学生，小燕不仅要意识到自己作为学习者的身份，尽到自己作为公民的义务和责任，还要扮演好自己作为准工作者的角色。让我们跟随小燕一起学习并实施任务，请总结并写下你的价值体系，制订持续确认、不断主张和践行的行动计划。

子任务实施

Step 01 基于对公民、工作者、学习者的角色认知，写下对你来说最重要的价值观。

作为一名公民，你信仰的核心价值观是：＿＿＿＿＿＿＿＿＿＿＿＿＿＿＿＿＿＿＿＿

作为一名工作者，你遵守的职业价值观是：＿＿＿＿＿＿＿＿＿＿＿＿＿＿＿＿＿＿＿

作为一名学习者，你秉持的个人行事原则是：＿＿＿＿＿＿＿＿＿＿＿＿＿＿＿＿＿＿

Step 02 用 5WHY 法追问，以上价值观对你而言为什么那么重要？你真正的需求是什么？找到打动你内心的那些词汇，如自由、尊重、信任、爱……

1.＿＿＿＿＿＿＿＿＿＿＿＿＿＿＿＿＿＿＿＿＿＿＿＿＿＿＿＿＿＿＿＿＿＿＿＿＿＿

2.＿＿＿＿＿＿＿＿＿＿＿＿＿＿＿＿＿＿＿＿＿＿＿＿＿＿＿＿＿＿＿＿＿＿＿＿＿＿

3.＿＿＿＿＿＿＿＿＿＿＿＿＿＿＿＿＿＿＿＿＿＿＿＿＿＿＿＿＿＿＿＿＿＿＿＿＿＿

Step 03 你怎样做才能使这些需求得以实现？

1.＿＿＿＿＿＿＿＿＿＿＿＿＿＿＿＿＿＿＿＿＿＿＿＿＿＿＿＿＿＿＿

2.＿＿＿＿＿＿＿＿＿＿＿＿＿＿＿＿＿＿＿＿＿＿＿＿＿＿＿＿＿＿＿

3.＿＿＿＿＿＿＿＿＿＿＿＿＿＿＿＿＿＿＿＿＿＿＿＿＿＿＿＿＿＿＿

一分钟小结

1. 当面对选择困难时，请结合个人价值体系问自己，当下的选择符合自己的价值观吗？举例说明。

2. 想一想个人价值体系对你而言有什么意义？你会如何践行？

复盘与评价

任务名称		姓名		所在团队		日期	

请用思维导图进行复盘，并呈现对你影响深刻的启发和你打算采取的行动。

注：请按照知识、技能、能力、价值观、性格特质、动机梳理自己的冰山素质要素。

评价指标	自我评价	组内互评	教师评价
意识到自己能力素质的隐藏区（20分）			
理解冰山素质的拆分要素（20分）			
权衡职业发展方向的匹配度（20分）			
厘清匹配度偏差的问题所在（20分）			
明确提升匹配度所要采取的行动（20分）			
总分（100分）			

任务 3　竞拍你的生涯

任务描述

小燕形成了自己作为公民、工作者和学习者的角色认知后，在众多的价值观中，她最看重的到底是什么？希望下面这场生涯竞拍活动能够帮助大家更深入地思考这个问题。拍卖行会将房产、古董、艺术品等进行竞拍。今天要竞拍的是拍卖行拍品的价值所不能比拟的。通过这场竞拍，你用有限的资源"抢到"的那些拍品能从一定程度上代表你内心最根本的价值诉求。让我们一起来参加这场生涯竞拍吧！

> 慢慢发现大学里各种不同的人和事，真的很难想象以后跟这些人和事共处会是什么样的场景？

> 每个人都有自己的"行走方式"，这些不同的人和事背后是其价值取向的不同。作为一名大学生，我们要学会透过现象看本质，明确自己的价值观和原则体系。

> 如果我知道了自己的价值观，那么，我就知道我看重什么、该做什么了！这种感觉真好！

任务实施

Step 01 做好竞拍前的准备，填写表 1-12。

1. 每人拥有 10000 个筹码，但这个筹码不代表金钱，代表的是你一生的时间和精力。也就是说，你是用时间和精力来换取这些拍卖品。例如，你用 10000 个筹码竞拍得到别墅，并不等于你立刻拥有了它，而是代表你将用尽一生的精力来争取获得它，把它当成自己的奋斗目标。所以，请你妥善使用自己手上的筹码！

2. 请先挑选出想买的竞拍品，按购买意愿从最想买的到较不想买的依次排序。

小提示　可能你想要的别人也想要，所以需要提前想好策略，究竟是集中精力拍下最想要的那一个，还是把筹码分配到多个自己想要的拍品。

3. 建议先编好预算，考虑清楚要花多少筹码竞拍想要的物品。现在编的预算价格仅供参考，竞拍时可以不必按照预算价格购买。

表 1-12　生涯竞拍意愿记录表

竞拍商品	竞拍意愿排序	预算价格	你的理由
1. 豪宅，可以是全世界任何地方			
2. 至高无上的权力			
3. 一张取之不尽用之不竭的信用卡，代表财务自由			

（续）

竞拍商品	竞拍意愿排序	预算价格	你的理由
4. 美貌贤惠的妻子或英俊博学的丈夫，完美地符合你的所有想象			
5. 一门精湛的技艺，全世界只有你拥有			
6. 一座私人岛屿，可以是全世界任何地方			
7. 一所宏大的图书馆，你是它的终生拥有者			
8. 和爱人无忧无虑地浪迹天涯			
9. 一个充满挑战又让你十分热爱的职业			
10. 三五个知心朋友			
11. 一只价值 50 万美元并且每年可获得 25% 纯利收入的股票			
12. 名垂千古，每个时代的人都会记得你			
13. 总能抓住好的发展机会的智慧			
14. 总能拥有和家人共度周末的机会和好状态			
15. 直言不讳的真诚和百折不挠的勇敢			

Step 02 了解竞拍流程与规则，分析价值观的重要程度，填写表 1-13。

表 1-13　生涯竞拍策略记录表

你最需要的拍品是：	你的策略是：
	1. _____
	2. _____
	3. _____

竞拍规则如下：

1. 总共有 15 项拍品，竞拍顺序由竞拍师随机挑选。从第 1 项到第 15 项，不得回购，不能跳着买。

2. 每件竞拍品均以 1000 个筹码起价，每次以 1000 的倍数加价，报价时直接报已经加完的数。

3. 购买金额超过 10000 个筹码时，所有购买的商品作废，之前所得商品捐出给大家竞拍。

4. 当价格连喊三次，无人再出高价时，这项拍品就属于最后一个出价的人了；如果无人出价，则此件拍品流拍，后续也不会再出现；

5. 若有数人同时报出同样价格购买同一件商品时，以屏幕显示的先后顺序为准，或随机投票决定。

6. 买到自己最想要的商品最好，买的商品越多越好，所剩的钱越少越好。

竞拍流程如下：

1. 每个小组选出一位组长主持活动或担任裁判。

2. 小组同学轮流竞拍，每个人主持3~5项竞拍（视每组人数而定），由组长开始竞拍，主持竞拍者也应参加竞拍。

3. 主持竞拍的同学等大家喊到一定价码后，要喊"××个筹码一声，××个筹码两声，××个筹码三声，成交"，中间若有人加价，必须重喊此三声。

4. 必须相互记录，谁买什么商品，花了多少筹码，了解彼此还剩多少筹码。

【拍品展示】

豪宅

这件拍品对你而言重要吗？
（1~10打分，1为不重要，10为特别重要）

_____

为什么你觉得它重要（不重要）？

_____

对应的价值观是：

_____

至高无上的权力

这件拍品对你而言重要吗？
（1~10打分，1为不重要，10为特别重要）

_____

为什么你觉得它重要（不重要）？

_____

对应的价值观是：

_____

（续）

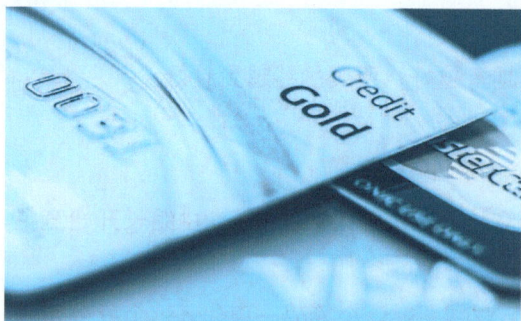

一张取之不尽用之不竭的信用卡

这件拍品对你而言重要吗？
（1~10 打分，1 为不重要，10 为特别重要）

为什么你觉得它重要（不重要）？

对应的价值观是：

美貌贤惠的妻子或英俊博学的丈夫

这件拍品对你而言重要吗？
（1~10 打分，1 为不重要，10 为特别重要）

为什么你觉得它重要（不重要）？

对应的价值观是：

一门精湛的技艺

这件拍品对你而言重要吗？
（1~10 打分，1 为不重要，10 为特别重要）

为什么你觉得它重要（不重要）？

对应的价值观是：

（续）

	这件拍品对你而言重要吗？ （1~10 打分，1 为不重要，10 为特别重要） 为什么你觉得它重要（不重要）？ 对应的价值观是：
一座私人岛屿	

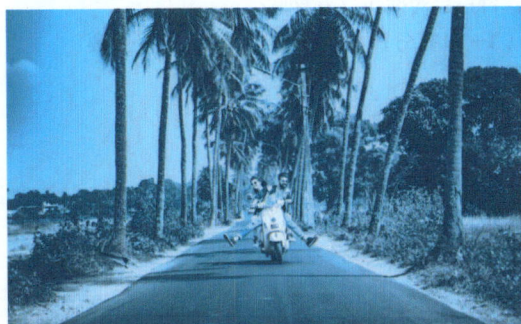

	这件拍品对你而言重要吗？ （1~10 打分，1 为不重要，10 为特别重要） 为什么你觉得它重要（不重要）？ 对应的价值观是：
一所宏大的图书馆	

	这件拍品对你而言重要吗？ （1~10 打分，1 为不重要，10 为特别重要） 为什么你觉得它重要（不重要）？ 对应的价值观是：
和爱人无忧无虑地浪迹天涯	

（续）

一个充满挑战又让你十分热爱的职业

这件拍品对你而言重要吗？
（1~10 打分，1 为不重要，10 为特别重要）

为什么你觉得它重要（不重要）？

对应的价值观是：

三五个知心朋友

这件拍品对你而言重要吗？
（1~10 打分，1 为不重要，10 为特别重要）

为什么你觉得它重要（不重要）？

对应的价值观是：

一只价值 50 万美元并且每年可获得 25% 纯利收入的股票

这件拍品对你而言重要吗？
（1~10 打分，1 为不重要，10 为特别重要）

为什么你觉得它重要（不重要）？

对应的价值观是：

（续）

名垂千古

这件拍品对你而言重要吗？
（1~10 打分，1 为不重要，10 为特别重要）

_____

为什么你觉得它重要（不重要）？

_____

对应的价值观是：

_____

抓住发展机会的智慧

这件拍品对你而言重要吗？
（1~10 打分，1 为不重要，10 为特别重要）

_____

为什么你觉得它重要（不重要）？

_____

对应的价值观是：

_____

拥有和家人共度周末的机会和好状态

这件拍品对你而言重要吗？
（1~10 打分，1 为不重要，10 为特别重要）

_____

为什么你觉得它重要（不重要）？

_____

对应的价值观是：

_____

（续）

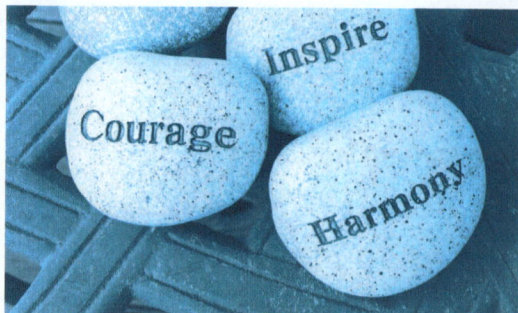

直言不讳的真诚和百折不挠的勇敢

这件拍品对你而言重要吗？
（1~10 打分，1 为不重要，10 为特别重要）
_____

为什么你觉得它重要（不重要）？
_____
_____

对应的价值观是：
_____
_____

Step 03 根据竞拍顺序及竞拍策略，参与价值观竞拍，填写表 1–14 并记录感受。

表 1–14　生涯竞拍结果记录表

竞 拍 商 品	预算价格	购得价格	购得者
1. 豪宅，可以是全世界任何地方			
2. 至高无上的权力			
3. 一张取之不尽用之不竭的信用卡，代表财务自由			
4. 美貌贤惠的妻子或英俊博学的丈夫，完美地符合你的所有想象			
5. 一门精湛的技艺，全世界只有你拥有			
6. 一座私人岛屿，可以是全世界任何地方			
7. 一所宏大的图书馆，你是它的终生拥有者			
8. 和爱人无忧无虑地浪迹天涯			
9. 一个充满挑战又让你十分热爱的职业			
10. 三五个知心朋友			
11. 一只价值 50 万美元并且每年可获得 25% 纯利收入的股票			
12. 名垂千古，每个时代的人都会记得你			
13. 总能抓住好的发展机会的智慧			
14. 总能拥有和家人共度周末的机会和好状态			
15. 直言不讳的真诚和百折不挠的勇敢			

看到本次生涯拍卖活动记录，你的感受是：

_____

_____

_____

Step 04 总结本次生涯拍卖活动的成功经验与失败教训。

游戏是浓缩后的人生体验。对于价值观的每一次确认和持续实践，才使得我们拥有深刻的定见，并在自己的人生路上走得勇敢无畏。希望大家能够在游戏中以不同路径通向彼岸的自己，而"我希望用毕生的精力换回来什么"这个问题，能够在你的脑海里久久回响。请总结本次生涯拍卖活动的成功经验与失败教训，完成表1-15。

表 1-15 生涯拍卖反思

拍到的同学可以想一想：	你的成功经验是：
1. 你抢到的真的是你想要的吗？还是因为怕失去而选择随波逐流？ 2. 在现实生活中，你的真实状态是怎样的？ 3. 为什么这件拍卖品对你而言这么重要？ 4. 你事先考虑用什么策略赢得你特别想要的拍卖品？ 5. 以上拍卖品中，哪件是你没那么想要却偶然拍到的？你是怎么想的？	
没拍到的同学可以想一想：	你的失败教训是：
1. 是什么让你总是在犹豫，不敢全力以赴？ 2. 所有拍卖品中，哪件拍卖品是你最（不）想要的？ 3. 为什么你没有获得自己想要的拍卖品？（贪心、拖延、纠结、不清楚规则、等待等原因） 4. 如何降低你"错失"所爱的概率？ 5. 怎样才能获得自己最想要的东西？	

一分钟小结

参与本次生涯竞拍活动后，你有什么感触和启发吗？请认真反思并回答下面的问题。

1. 对于人生抉择，你如何区分是想要还是需要？请举例说明。

_____

_____

_____

_____

2. 如何将他人的所思所想和你的自我价值需求断开，找到人生定见？

---

3. 你是如何看待"他人认可"的？

---

4. 再次总结自己的价值观后，接下来你可以在哪方面采取行动？

复盘与评价

任务名称		姓名		所在团队		日期	

请用思维导图进行复盘，并呈现对你影响深刻的启发和你打算采取的行动。

注：根据生涯竞拍的结果，明确你内心最根本的价值诉求，并按照价值排序梳理自己的核心价值体系及当前可以采取的行动。

评价指标	自我评价	组内互评	教师评价
区分人生抉择中的想要与需要（20分）			
明确自我价值需求（20分）			
理智对待他人的评价（20分）			
总结竞拍中的成功经验与失败教训（20分）			
明确实现价值的行动路径（20分）			
总分（100分）			

拓展案例

　　"网红经济"红遍大江南北，"网红主播"也随之兴起，小林将此立为职业目标。2020 年 7 月 6 日，人力资源和社会保障部等三部门向社会公开发布 9 个新职业，"网红主播"正式的职业称谓是"网络销售员"。请根据所学，从公民、工作者和学习者三方面分析"网红主播"所对应的角色定位，并构建自己的价值体系。以下 4 个问题，建议用思维导图进行分析。

　　请分析：

　　1. 你如何认知"网红主播"所承担的公民角色？

　　2. 你如何认知"网红主播"所承担的工作者角色？

　　3. 你如何认知"网红主播"所承担的学习者角色？

　　4. 针对"网红主播"这个职业目标，请为小林构建相应的价值体系和行动计划？

藏宝箱

TC 01：舒伯生涯发展阶段

舒伯将生涯分为 5 个阶段，每个阶段都有其各自的发展任务，见表 1-16。大学生的生涯发展阶段属于探索期，这个阶段主要的生涯发展任务是从多种机会中探索自我、认知自我，逐渐确定职业偏好，为将来的职业选择打好基础。

表 1-16　生涯发展的 5 个阶段

阶段	年龄跨度	时期	发展任务的重点或特点
成长期 0~14 岁	0~10 岁	幻想	接受家庭教育与父母影响
	11~12 岁	兴趣	适应学校与社会生活
	13~14 岁	能力	了解工作的意义，逐渐认识自己
探索期 15~24 岁	15~17 岁	试探	考虑需要、兴趣、能力及机会，做暂时的决定，并在幻想、讨论、课业及工作中加以尝试
	18~21 岁	过渡	进入就业市场或专业训练，更重视现实，并力图实现自我观念，将一般性的选择转为特定的选择
	22~24 岁	实践	生涯初步确定并试验其成为长期职业生涯的可能性，若不适合，则可能再经历上述各时期，以确定方向
建立期 25~44 岁	25~30 岁	尝试	选择、安置阶段，由于经过上一阶段的尝试，不合适者会谋求变迁或做其他探索
	31~44 岁	稳定	个体致力于工作上的稳固，大部分人处于最具创意时期，由于资深，往往业绩优良
维持期 45~60 岁	45~60 岁	维持	属于升迁和专精阶段。个体仍希望继续拥有属于他的工作职位，同时会面对新进人员的挑战。这一阶段发展的任务是维持既有成就与地位
衰退期 60 岁以后	60 岁以后	衰退	适应退休生活，发展新的角色

TC 02：舒伯生涯彩虹图

从图 1-1 彩虹图的阴影比例可以看出，0~14 岁为成长阶段，这一阶段最显著的角色是子女；15~20 岁为探索阶段，这一阶段的角色是学生；30 岁左右为建立阶段，这一阶段的角色是持家者和工作者；45 岁左右为维持阶段，这一阶段工作者的角色突然中断，又恢复了学生角色，同时公民与休闲者的角色逐渐增加，这正如通常所说的"中年危机"的出现，同时暗示这时必须再学习、再调适，才有可能处理好职业与家庭生活中面临的问题。

在舒伯的生涯彩虹图中，纵向层面代表的是纵观上下的生活空间，由不同发展阶段的职位和角色所组成，包含子女、学生、休闲者、公民、工作者、持家者6个角色，它们交互影响交织出个人独特的生涯类型。

在舒伯生涯彩虹图中，最外的层面代表横跨一生的"生活广度"，又称为"大周期"，涵盖成长期、探索期、建立期、维持期和衰退期。生涯彩虹图里面的各层面代表纵观上下的"生活空间"，由一组角色和职位组成，包括子女、学生、休闲者、公民、工作者、持家者等主要角色。各种角色之间是相互作用的，一个角色的成功，特别是早期角色的成功，将会为其他角色提供良好的基础；反之，某一个角色的失败，也可能导致另一个角色的失败。舒伯进一步指出，为了某一角色的成功付出太大的代价，也有可能导致其他角色的失败。

生涯彩虹图中的阴影部分表示角色的相互交换、盛衰消长。生涯角色除了受到年龄增长和社会对个人发展、任务期待的影响外，常常跟个人在各个角色上所花的时间和感情投入的程度有关。

TC 03：中国人的价值观

我国社会心理学专家金盛华等人通过对两个大样本的研究，提炼出中国人的7种基本价值取向、价值观结构和价值观轮廓，具体见表1-17。这对于真实反映中国人的价值观、有效解决因价值观分歧而导致的各类冲突有重要作用。

表1-17　中国人的价值取向、价值观结构和价值观轮廓

中国人的价值取向		
价值取向	测量项目	内　涵
社会和谐（简称"谐"）	国家富强、世界和平、生态平衡、社会秩序	中国传统文化推崇和谐的概念，《中庸》曰："中也者，天下之大本也；和也者，天下之达道也。致中和，天地位焉，万物育焉。"传统文化中大量的类似论述构成中国人追求大同社会的理念和主张
仁爱有信（简称"仁"）	诚信、善良、乐于助人、责任心	"仁"是《论语》中出现频率最高的词，儒家典籍着力论述的"仁、义、礼、智、信"已成为中国传统价值观体系中的核心概念
公平公正（简称"公"）	平等、知恩图报、公正、自律	公平公正自古以来就是人类社会的基本追求。如《论语·季氏》曰："丘也闻有国有家者，不患寡而患不均，不患贫而患不安。""等贵贱，均贫富"也是中国社会变革常用的政治纲领。另外，《论语·雍也》曰："中庸之为德也，其至矣乎！"中庸即处理问题时不偏不倚、公平公正、恰如其分

（续）

中国人的价值取向		
价值取向	测量项目	内　涵
家庭美满（简称"家"）	家庭和睦、家人健康平安、孩子、爱情	家庭在中国人生命中占据了重要的地位，无论重大的传统节日，还是人们彼此之间的称谓，以及传统文化中对家庭伦理的大量阐述，无不彰显了这一特征
身心愉悦（简称"悦"）	享受人生、舒适的生活和工作环境、美、愉悦	《论语·学而》曰："学而时习之，不亦说乎？有朋自远方来，不亦乐乎？人不知而不愠，不亦君子乎？"论语开篇三句即谓"说（同悦）""乐""不愠"，体现了以儒学为核心的中国传统文化的特征是乐感文化，具体表现为中国人以现在为导向、对现世负责的人生观念，认为只有积极地生活，创造出更美好的人生，生命才有价值
显达有为（简称"达"）	社会地位、荣誉、权力、成就	《左传·襄公二十四年》曰："大（太）上有立德，其次有立功，其次有立言。"宋代李清照流传千古的诗句"生当作人杰，死亦为鬼雄。"这些均论述反映了传统文化倡导人们建功立业、彰显价值
开拓创新（简称"新"）	敢于冒险、喜欢挑战、刺激、好奇心	《大学》曰："汤之《盘铭》曰：'苟日新，日日新，又日新。'"创新就是通过去除旧的、没有生命力的东西，实现发明与创造。并且，随着社会变革和技术发展，挑战、冒险、创业、创新等也成为时代所推崇的精神

中国人的价值观结构		
价值范畴	价值观内容	内　涵
整合性价值观：义	属群整合：谐、仁、公	属于在社会层面或群体中呈现的价值，强调个体对社会或群体的付出或奉献的责任
	属己整合：家、悦	属于个体层面上呈现的价值，是个体的维持与生息，强调个体所承载的自身修养和家族繁衍的责任
适应性价值观：利	属群适应：达	属于在社会层面或群体中呈现的价值，如权力、荣誉、社会地位和成就等，是群体中进行社会比较时呈现的价值，社会比较也是人的基本内驱力，强调从群体中凸现或获得比较优势
	属己适应：新	属于个体层面上呈现的价值，如冒险、挑战等依赖个体与环境积极互动实现的价值，更多的是指个体能力成长或新的体验，强调个体的进取或适应

中国人的价值观轮廓	
研究结论	解　析
中国人把家排在第一位，为整合性价值重于适应性价值	无论性别、年龄还是受教育程度，中国人普遍认为家庭伦理比社会伦理更重要

（续）

中国人的价值观轮廓	
研究结论	解析
属群适应重于属己适应，即通过社会比较获得的价值感比自己的学习成长更重要	中国人具有社会取向和他人取向的特点，强调人情与面子，这一结果也说明人们倾向于更重视他人对自己的评价和反应，或者自己在群体中的地位
男女在价值排序上没有显著差异，但是，女性比男性更加重视整合性价值，贬抑适应性价值	女性更加重视悦、谐、仁，具体表现为：男性的成就动机明显高于女性；男性更看重"雄心壮志的"和"勇敢的"，女生则更看重"宽恕的"和"令人愉快的"；男性更看重权力、刺激、快乐、成就和自主，女性更看重仁慈和博爱
教育程度高的群体相对而言比教育程度低的群体更重视适应性价值而弱化整合性价值，更重视悦和新等个体性的价值观，弱化家和谐等群体性的价值观	教育经历会促进人们接受那些非传统观念或开放的思想，追求个人成就，而且受教育程度越高，这些观念受到强化的机会就越大

TC 04：丰田 5WHY 提问法

丰田提倡通过"观看""观察""审视"，随时训练自己透彻了解现场的能力。5WHY 分析法是一种诊断性技术，被用来识别和说明因果关系链，它的根源会引起恰当地定义问题。通过不断提问为什么前一个事件会发生，直到回答"没有好的理由"或直到一个新的故障模式被发现时才停止提问。其关键是鼓励解决问题的人要努力避开主观或自负的假设和逻辑陷阱，从结果着手，沿着因果关系链条，顺藤摸瓜，穿越不同的抽象层面，直至找到原有问题的根本原因。

5WHY 应用步骤如下：

Step 01 说明问题并描述相关信息。

Step 02 问"为什么"，直到找出根本原因。

Step 03 制订对策并执行。

Step 04 执行后，验证有效性。

应用举例：小林同学打算今年阅读 20 本管理学书籍。在制订阅读计划之前，小林利用"5WHY 提问法"，制作表 1–18，以深入探究自己内心真正的需求，发现真正的问题所在，排除个人的主观臆测和想当然的干扰，集中精力解决问题，达成目标。

表 1-18　小林的问题与原因

提出问题	分析原因
为什么将这 20 本书列入今年的阅读计划	因为觉得自己的思考能力太弱，对很多问题的分析不够深入
为什么思考能力弱	因为在读书的时候，很少结合理论对实际发生的事情进行分析
为什么没有把知识结合实际	因为觉得太难了，以前也没有这样的习惯，仅仅满足于读书后收获知识的良好感受
为什么仅仅满足于获得知识	因为没有把注意力放在提升自己的实际能力上，仅仅满足于看完书后得到的称赞
为什么没有把注意力放在提升自己的实际能力上	因为没有制订具体的操作流程。不是没有想法，而是一想到这是一件不知道如何落地的事情，就会觉得很烦。也因为就算完不成，也不用承担什么后果

追问到这里，对于如何制订出真正重要的阅读计划，就很清晰了。

于是，小林将自己的读书计划重新调整为：在个人微博中发布24篇读书践行的文章（每两周一篇，至少1000字）。

调整后的目标还要用 SMART 原则进行检查，提高计划的实现概率。

TC 05：冰山模型

冰山模型（见图1-4）是美国著名心理学家麦克利兰于1973年提出的一个著名的模型，就是把问题想象成一座冰山，将人员个体素质的不同表现形式划分为表面的"冰山以上部

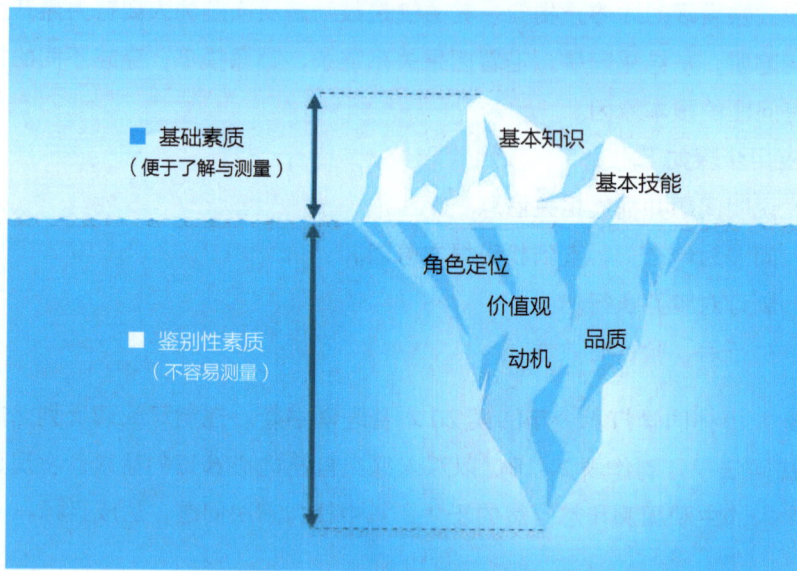

图 1-4　冰山模型

分"和深藏的"冰山以下部分"。其中，"冰山以上部分"包括基本知识、基本技能，是外在表现，是容易了解与测量的部分，相对而言也比较容易通过培训来改变和发展。而"冰山以下部分"包括角色定位、价值观、品质和动机，是人内在的、难以测量的部分。它们不太容易通过外界的影响而得到改变，但却对人的行为与表现起着关键性的作用，见表1-19。

表 1-19　冰山模型的素质层级和内涵

素质层级	内　　涵	举　　例
基本知识	个人在某一特定领域拥有的事实型与经验型信息	如：管理知识、财务知识、文学知识等
基本技能	结构化地运用知识完成某项工作的能力，即对某一特定领域所需技术与知识的掌握情况	如：表达能力、组织能力、决策能力、学习能力等
角色定位	一个人基于态度和价值观的行为方式与风格	如：管理者、专家、教师
价值观	一个人对事物是非、重要性、必要性等的价值取向	如：合作精神、献身精神
品质	个性、身体特征对环境和各种信息所表现出来的持续反应。品质与动机可以预测个人在长期无人监督下的工作状态	如：正直、诚实、责任心
动机	在一个特定领域的自然而持续的想法和偏好（如成就感、亲和力、影响力），它们将驱动、引导和决定一个人的外在行动	如：成就需求、人际交往需求

TC 06：SMART 原则

SMART 原则是美国管理学大师彼得·德鲁克提出的具体的目标管理方法，一方面有利于员工更加明确高效地工作，另一方面为管理者将来对员工实施绩效考核提供了考核目标和考核标准，使考核更加科学化、规范化，更能保证考核的公正、公开与公平。

具体的运用体现如图 1-5 所示。

S（Specific）——明确性要求，要求目标设置或绩效考核要有项目、衡量标准、达成措施、完成期限以及资源要求，使考核人能够很清晰地看到部门或科室月计划要做哪些事情，计划完成到什么样的程度。

M（Measurable）——可衡量性要求，要求目标或绩效的衡量标准遵循"能量化的量化，不能量化的质化"的原则，使制定人与考核人有一个统一的、标准的、清晰的、可度量的标尺，杜绝在目标设置中使用形容词等概念模糊、无法衡量的描述。对于目标的可衡量性应该首先从数量、质量、成本、时间、上级或客户的满意程度五个方面来进行；如果仍不能进行衡量，可考虑将目标细化，细化成分目标后再从以上五个方面衡量；如果仍不能衡量，还可以将完成目标的工作进行流程化，通过流程化使目标可衡量。

A（Attainable）——可实现性要求，要求目标设置或绩效考核要坚持员工参与、上下左右沟通，使拟定的工作目标在组织与个人之间达成一致，既要使工作内容饱满，也要具有可达性，可以制定出跳起来"摘桃"的目标，不能制定出跳起来"摘星星"的目标。

R（Relevant）——相关性要求，要求工作目标的设定或绩效考核指标的确定，一方面要和岗位职责相关联、不能跑题，另一方面要与其他目标或绩效指标相关联，如果实现了这个目标或绩效，但与其他的目标或绩效指标完全不相关，或者相关度很低，那么这个目标或绩效指标即使被达到了，意义也不是很大。

T（Time-based）——时限性要求，要求目标设置或绩效指标的确定要具有时间限制，根据工作任务的权重、事情的轻重缓急，拟定出完成目标项目的时间要求，定期检查项目的完成进度，及时掌握项目进展的变化情况，以方便对下属进行及时的工作指导，以及根据工作计划的异常情况变化及时地调整工作计划。

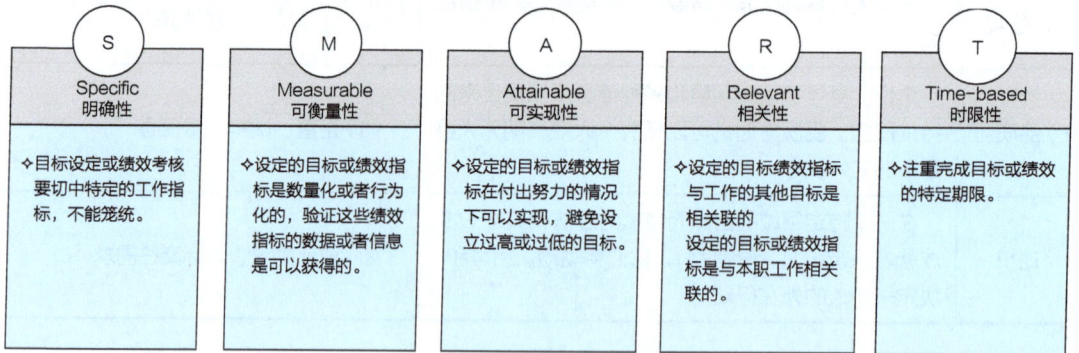

S Specific 明确性	M Measurable 可衡量性	A Attainable 可实现性	R Relevant 相关性	T Time-based 时限性
✧目标设定或绩效考核要切中特定的工作指标，不能笼统。	✧设定的目标或绩效指标是数量化或者行为化的，验证这些绩效指标的数据或者信息是可以获得的。	✧设定的目标或绩效指标在付出努力的情况下可以实现，避免设立过高或过低的目标。	✧设定的目标绩效指标与工作的其他目标是相关联的 设定的目标或绩效指标是与本职工作相关联的。	✧注重完成目标或绩效的特定期限。

图 1-5　SMART 原则

项目二　寻见真实自我

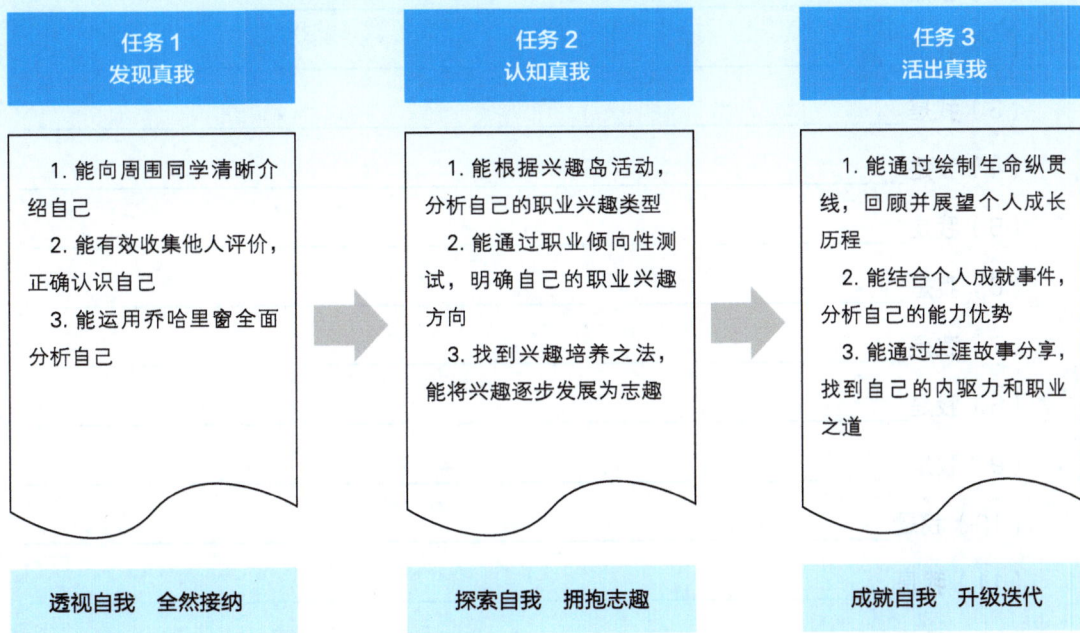

任务 1 发现真我	任务 2 认知真我	任务 3 活出真我
1. 能向周围同学清晰介绍自己 2. 能有效收集他人评价，正确认识自己 3. 能运用乔哈里窗全面分析自己	1. 能根据兴趣岛活动，分析自己的职业兴趣类型 2. 能通过职业倾向性测试，明确自己的职业兴趣方向 3. 找到兴趣培养之法，能将兴趣逐步发展为志趣	1. 能通过绘制生命纵贯线，回顾并展望个人成长历程 2. 能结合个人成就事件，分析自己的能力优势 3. 能通过生涯故事分享，找到自己的内驱力和职业之道
透视自我　全然接纳	探索自我　拥抱志趣	成就自我　升级迭代

任务 1　发现真我

任务描述

　　小燕完成了生涯意识唤醒，明确了现阶段自己作为公民、工作者和学习者的角色认知，并形成了自己的价值体系。接下来，她要发掘一个有潜力的、更真实的自己通过自我描述，检测自我认知程度；通过收集他人对自己的评价，多角度、多层次地了解自己。

> 我承认，长这么大，我还不是很了解自己，可是怎么才能认识自己呢？

> 我们可以通过自我描述和他人评价收集关于自己的信息，借助乔哈里窗透视自己，搞清楚我是带着一个什么样的"我"在学习和生活，是否也要带着这样的"我"去工作？

> 谢谢老师给的思路和工具！我这就试试！

任务实施

Step 01 学会自我描述，检测自我认知程度。

1. 在5分钟内写出20个"我是谁"的陈述句，可以包括自己的性别、身高、外貌、个性、爱好、特长以及最明显的特征等。

（1）我是_____

（2）我是_____

（3）我是_____

（4）我是_____

（5）我是_____

（6）我是_____

（7）我是_____

（8）我是_____

（9）我是_____

（10）我是_____

（11）我是_____

（12）我是_____

（13）我是_____

（14）我是_____

（15）我是_____

（16）我是_____

（17）我是_____

（18）我是_____

（19）我是_____

（20）我是_____

请思考：

（1）你一共写出了几句：_____

其中：

| 描述表面的句子: _____ 句 | 正面评价的句子: _____ 句 | 自相矛盾的句子: _____ 句 |
| 描述看法的句子: _____ 句 | 负面评价的句子: _____ 句 | 认知统一的句子: _____ 句 |

（2）在写的过程中，你的感受如何？（答题速度、主题集中度等）

_____

_____

_____

（3）你最关注自己的哪些方面？

_____

_____

_____

（4）你忽略了自己的哪些方面？

_____

_____

_____

2. 做一个简短的自我介绍。

（1）在下框空白处，写下你的自我介绍。请注意，不要在自我介绍中透露自己的姓名。

介绍我自己：

（2）以组为单位，将自我介绍写在白纸上，打乱顺序，互相抽一份自我介绍，读出来，猜猜那是谁？

请思考：

（1）请在表 2-1 中写下你猜对的自我介绍以及你猜对的原因。

表 2-1　猜对的自我介绍以及猜对的原因

猜对的自我介绍（姓名）	原因分析

（2）请在表 2-2 中写下你没猜对的自我介绍以及没猜对的原因。

表 2-2　没猜对的自我介绍以及没猜对的原因

没猜对的自我介绍（姓名）	原因分析

（3）在整个过程中，你的感受如何？

（4）你觉得从哪些方面能够更清晰地"标识"自己？

Step 02 画一棵自己的果树。

1. 请你在下方空白框中画一棵果树，你想怎么画都行，不要临摹，不要用尺子。完成之后，请你介绍自己所画的这棵果树，介绍时可包含以下内容：树名、果实（如果有的话）、季节、作画时的心情等。

（大方框，空白）

2. 对照藏宝箱里的卡尔柯乞的 20 项标准，分析潜在的自己。

你的分析：＿＿＿＿＿＿＿＿＿＿＿＿＿＿＿＿＿＿＿＿＿＿＿＿＿＿＿＿＿＿

你的感受：＿＿＿＿＿＿＿＿＿＿＿＿＿＿＿＿＿＿＿＿＿＿＿＿＿＿＿＿＿＿

下一步行动：＿＿＿＿＿＿＿＿＿＿＿＿＿＿＿＿＿＿＿＿＿＿＿＿＿＿＿＿＿

Step 03 了解别人眼中的自己。

1. 收集他人对自己的评价，填入表 2-3，并与你的自我评价进行对照比较。

表 2-3　他人对自己的评价

信息收集类型	姓名及关系	对你的评价
自己		
父母、家人		
领导、老师		
同学、朋友		
其他重要的人		

2. 探寻对结果的感受和想法。

（1）看到这个结果，你有什么感受或者想法？

＿＿＿＿＿＿＿＿＿＿＿＿＿＿＿＿＿＿＿＿＿＿＿＿＿＿＿＿＿＿＿＿＿＿＿

＿＿＿＿＿＿＿＿＿＿＿＿＿＿＿＿＿＿＿＿＿＿＿＿＿＿＿＿＿＿＿＿＿＿＿

＿＿＿＿＿＿＿＿＿＿＿＿＿＿＿＿＿＿＿＿＿＿＿＿＿＿＿＿＿＿＿＿＿＿＿

職业生涯规划实战体验手册

（2）在哪些方面，自评和他评结果一样，你怎么看待这个结果？和你的实际情况结合，有哪些启发呢？填入表2-4。

表2-4　共同认知项分析

共同认知项	你的觉察	你的行动

（3）在哪些方面，自评和他评结果差异较大，你怎么看待这个结果？和你的实际情况结合，有哪些启发呢？填入表2-5。

表2-5　差异项分析

差异项	你的觉察	你的行动

（4）搜索有关"印象管理"的文章和资料，写出让你印象深刻的3点启发。

资料名称：_____

资料来源：_____

对你的启发：_____

_____

_____

Step 04 分析自己的乔哈里窗。

1. 请分析自己的优点和建议，填入表 2-6。

表 2-6 优点和建议

姓名：	
优点：	建议（不足）：

2. 小组内按顺时针方向传出，请诚恳地邀请组员同学写出自己的优点和建议。

小提示 1）尽量不重复别人的观点；2）两栏都要留言，优点和建议都要具体和真实；3）建议方面要提出别人可通过主观努力改变做到的；4）因为每一句留言都会极大地影响卡片主人的自信心，故需抱着真诚、负责的态度去写，不要损人踩人。

3. 在课室内自由走动，至少再找男女同学各 3 人互相留言。

4. 最后请归纳自己和别人的评价，完成自己的"乔哈里窗"（表 2-7）。

表 2-7 "乔哈里窗"

	自己知道	自己不知道
别人知道	A 公开区（公众形象）	C 盲目区（他人评价）
别人不知道	B 隐藏区（自我评价）	D 封闭区（待开发潜能）

请思考：

（1）你的"乔哈里窗"里出现了哪些盲点？这些盲点你自己认可吗？是大家误解了你，还是确实是你自己过去没有觉察到的？

_____

_____

_____

（2）有没有一些东西，是隐藏起来的？应该怎样打开自己的隐藏区呢？

_____

_____

_____

（3）你认为自我探索主要是探索哪几个部分，为什么？

_____

_____

_____

（4）一个人的公开区越大，他的沟通效率以及获得的资源就会越多，而最好的方式就是开放分享。你觉得有哪些内容是可以拿出来分享的，这样做的好处有哪些？

_____

_____

_____

（5）画完乔哈里窗，你最深切的感受是什么？

_____

_____

_____

一分钟小结

做完这部分任务后，你有什么感触和启发吗？请列出对你影响深刻的三点启发和你打算采取的一个行动，填入表 2-8。

表 2-8　3 点启发和 1 个行动

启发	1.
	2.
	3.
行动	

复盘与评价

任务名称		姓名		所在团队		日期	

请用思维导图进行复盘，并呈现对你影响深刻的启发和你打算采取的行动。

注：在发现真我的过程中，完善"乔哈里窗"，并按照公开区、隐藏区、盲目区和封闭区的顺序呈现各区的内容及现阶段采取的行动。

评价指标	自我评价	组内互评	教师评价
完善自我角色认知（20分）			
清晰且高识别度地介绍自己（20分）			
完成自己的乔哈里窗（20分）			
扩大乔哈里窗的公开区（20分）			
明确现阶段的行动路径（20分）			
总分（100分）			

任务2 认知真我

任务描述

小燕已通过乔哈里窗对自己进行全面的透视和分析。接下来，让我们随小燕一起认知自己的职业兴趣特点，探索自己的职业兴趣类型，知道如何使用职业兴趣代码找到职业分类，明晰适合自己的职业发展方向和路径。

> 我一定要做自己喜欢的事情！我要做让自己充满激情、心甘情愿为之努力的工作！我要把工作做出事业的感觉！
>
> 这个想法很好！那你喜欢做什么事情呢？
>
> ……（无言以对）
>
> "兴趣定向"是对的！职业兴趣岛和霍兰德职业测试能够帮助我们了解自己的兴趣所在哦！

子任务1：兴趣岛测试

子任务描述

假设我们跟随小燕一起驾驶着一架小型飞机横跨太平洋。忽然飞机引擎冒烟，马上就要坠毁；按照国际环保条约，15秒后就会自动爆炸以免产生废物，现在你只能跳伞。换而言之，你有15秒时间选择你最想降落的岛屿。

子任务实施

Step 01 阅读关于6个职业兴趣岛（见图2-1）的介绍，画出你最感兴趣的词语。

R——自然原始的岛屿。岛上自然生态良好，有各种野生动植物。居民以手工见长，自己种植花果蔬菜，修缮房屋，打造器物，制作工具，喜欢户外运动。缺点是这个岛上的人普遍闷头干活，沟通和交流不多。

I——深思冥想的岛屿。有多处图书馆、科技馆及博物馆。居民喜好观察、学习、思考分析，崇高和追求真知，常有机会和来自各地的哲学家、科学家、心理学家等交换心得。缺点是这群关注终极问题的思考者很少能享受到一些世俗的快乐。

A——美丽浪漫的岛屿。充满了美术馆、音乐厅、酒吧、街头雕塑和街头艺人，弥漫着浓厚的艺术文化气息。居民喜欢舞蹈、音乐与绘画，天性浪漫热情。许多文艺界的朋友都喜欢来这里找寻灵感。缺点是在激情之余，这里严重缺乏条理和逻辑性。

S——温暖友善的岛屿。居民个性温和、友善，乐于助人，岛上的人们建立了一个密

切互动的服务网络，人们重视互助合作，重视教育，关怀他人，充满人文气息。缺点是这里的人们过于温暖平和，他们经常被认为缺乏竞争意识和无原则的一团和气。

E——显赫富庶的岛屿。居民善于企业经营和贸易，能言善道。经济高度发展，处处是高级饭店、俱乐部、高尔夫球场。来往者多是企业家、经理人、政治家、律师等。缺点是这里的人们强竞争、快节奏、高压力，导致很少人的工作与生活可以平衡和从容。

C——现代、秩序井然的岛屿。岛上建筑现代化，是进步的都市形态，以完善的户政管理、地政管理、金融管理见长。岛民个性冷静保守，处事有条不紊，善于组织规划，细心高效。缺点是这里的生活如此稳定，以至所有可能发生的情况都有了规定，他们只要翻本子就可以对照行事了。

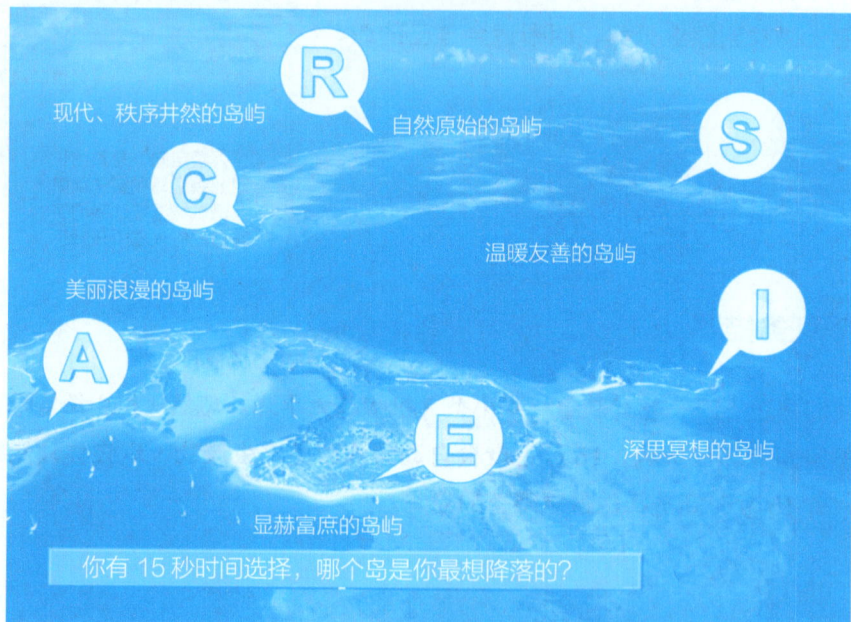

图 2-1　霍兰德兴趣岛

Step 02 如果在岛上度假 1 个月，仅从兴趣出发，不用考虑其他因素，你会选择哪一个岛？

兴趣岛屿：＿＿＿＿＿＿＿＿＿＿＿＿＿＿＿＿＿＿＿＿＿＿＿＿＿＿＿＿＿

你的理由：＿＿＿＿＿＿＿＿＿＿＿＿＿＿＿＿＿＿＿＿＿＿＿＿＿＿＿＿＿

Step 03 如果至少需要在岛上工作 5 年，考虑到实际需求，你的选择会是哪一个岛？

兴趣岛屿：＿＿＿＿＿＿＿＿＿＿＿＿＿＿＿＿＿＿＿＿＿＿＿＿＿＿＿＿＿

你的理由：＿＿＿＿＿＿＿＿＿＿＿＿＿＿＿＿＿＿＿＿＿＿＿＿＿＿＿＿＿

Step 04 如果有一天你退休了，有钱又有闲，打算去一个岛上定居，你会选择哪一个岛？

小提示　与前两轮选择相同或有改变都可以。

兴趣岛屿：_____

你的理由：_____

Step 05 请写出为什么会有这些选择的变化?

_____

_____

Step 06 找到兴趣选择相同的同学组成一组，分享你们各自在生活习惯、职业意向中的共同点，以及其他需要注意的事项。

_____

_____

Step 07 请写出你熟知的某个电影角色、小说人物或公共人物符合霍兰德的哪种代码，并阐述理由，填入表 2-9。

表 2-9　代表人物与其霍兰德代码

霍兰德代码	代表人物	你的理由
R 型		
I 型		
A 型		
S 型		
E 型		
C 型		

子任务 2：职业倾向测试

子任务描述

　　落到你的兴趣岛之后，小燕将带你认识一个人，他就是职业指导专家霍兰德。他将帮助你发现和确定自己的职业兴趣和能力特长，从而更好地做出职业决策。根据多年的对职业类型的理论研究和职业咨询经验，霍兰德研发了 3 套职业兴趣测量表。如果你已经考虑好或选择好职业，你将更有理论依据地做出判断，或发现其他合适的职业；如果你至今尚未确定职业方向，它将帮助你根据自己的实际情况选择一个恰当的职业目标。

子任务实施

本测验共有5个步骤，每部分测验都没有时间限制，但请你在10分钟之内按要求完成。

Step 01 你心目中的理想职业（专业）。

对于未来的职业（或升学进修的专业），你也许早有考虑，它可能很抽象、很朦胧，也可能很具体、很清晰。不管是哪种情况，现在请把你最想从事的3种工作或最想读的3个专业按顺序写下来。

1. _____

2. _____

3. _____

Step 02 你所感兴趣的活动。

下面列举了若干活动。这些活动无所谓好坏，如果你喜欢去参加（包括过去、现在或将来），就请在答题卷的相应题号上的"是"一栏内填"1"，如果不喜欢，就请在"否"一栏内填"0"，最后统计"是"一栏的得分。注意，这一部分测验主要想确定你的职业兴趣，而不是让你选择工作，你喜欢某种活动并不意味着你一定要从事这种活动。答题时不必考虑过去是否干过和是否擅长这种活动，只根据你的兴趣直接判断即可。请务必做完每一题。

R—实际型活动

提问：你喜欢下列活动吗？	是	否
1. 装配修理电器或玩具		
2. 修理自行车		
3. 用木头做东西		
4. 开汽车或摩托车		
5. 用机器做东西		
6. 参加木工技术学习班		
7. 参加制图描图学习班		
8. 驾驶卡车或拖拉机		
9. 参加机械和电气学习班		
10. 装配修理机器		

统计"是"一栏得分：_____

I—研究型活动

提问：你喜欢下列活动吗？	是	否
1. 读科技图书和杂志		
2. 在实验室工作		
3. 改良水果品种，培育新的品种		
4. 调查了解土和金属等物质的成分		
5. 研究自己选择的特殊问题		
6. 解算数或玩数学游戏		
7. 物理课		
8. 化学课		
9. 几何课		
10. 生物课		

统计"是"一栏得分：＿＿＿＿＿＿

A—艺术型活动

提问：你喜欢下列活动吗？	是	否
1. 素描 / 制图或绘图		
2. 参加话剧 / 戏剧		
3. 设计家具 / 布置室内		
4. 练习乐器 / 参加乐队		
5. 欣赏音乐或戏剧		
6. 看小说 / 读剧本		
7. 从事摄影创作		
8. 写诗或吟诗		
9. 进行艺术（美术 / 音乐）培训		
10. 练习书法		

统计"是"一栏得分：＿＿＿＿＿＿

S—社会型活动

提问：你喜欢下列活动吗？ 是 否

提问：你喜欢下列活动吗？	是	否
1. 学校或单位组织的正式活动		
2. 参加某个社会团体或俱乐部的活动		
3. 帮助别人解决困难		
4. 照顾儿童		
5. 出席晚会、联欢会、茶话会		
6. 和大家一起郊游		
7. 想获得关于心理学方面的知识		
8. 参加讲座或辩论会		
9. 观看体育比赛或参加运动会		
10. 结交新朋友		

统计"是"一栏得分：＿＿＿＿＿＿＿

E—企业型活动

提问：你喜欢下列活动吗？ 是 否

提问：你喜欢下列活动吗？	是	否
1. 说服鼓动他人		
2. 卖东西		
3. 谈论政治		
4. 制订计划、参加会议		
5. 以自己的意志影响别人的行为		
6. 在社会团体中担任职务		
7. 检查与评价别人的工作		
8. 结交社会名人		
9. 指导团体活动		
10. 参加社团活动		

统计"是"一栏得分：＿＿＿＿＿＿＿

C—常规型活动

提问：你喜欢下列活动吗？	是	否
1. 整理桌面和房间		
2. 抄写文件和信件		
3. 为领导写报告或公务信函		
4. 检查个人收支情况		
5. 参加打字培训班		
6. 参加文秘事务培训		
7. 参加商业会计培训班		
8. 参加情报处理培训班		
9. 整理信件、报告、记录等		
10. 写商业贸易信		

统计"是"一栏得分：_____

Step 03 你所擅长或胜任的活动。

下面从 6 个方面分别列举若干活动，以确定你具备哪方面的工作特长。回答时，只需考虑你过去或现在对所列活动是否擅长、胜任，不必考虑你是否喜欢这种活动。如果你认为你擅长从事某一活动，就请在答题卷的相应题号上的"是"一栏内填"1"，如果不擅长，就请在"否"一栏内填"0"，最后统计"是"一栏的得分。注意，你如果从未从事过某一活动，那就请考虑你将来是否会擅长从事该项活动。请务必做完每一个题目。

R—实际型能力

提问：你擅长做或胜任做下列事情吗？	是	否
1. 能使用电锯、电钻和锉刀等木工工具		
2. 知道万用表的使用方法		
3. 能够修理自行车或其他机械		
4. 能够使用电钻床、磨床或缝纫机		
5. 能给家具和木制品刷漆		
6. 能看建筑设计图		
7. 能够修理简单的电气用品		
8. 能修理家具		
9. 能修理计算机		
10. 能简单修理水管		

统计"是"一栏得分：_____

I—研究型能力

提问：你擅长做或胜任做下列事情吗？

	是	否
1. 懂得真空管或晶体管的作用		
2. 能够列举 3 种蛋白质多的食品		
3. 理解铀的裂变		
4. 能用计算尺、计算器、对数表		
5. 能使用显微镜		
6. 能找到 3 个星座		
7. 能独立进行调查研究		
8. 能解释简单的化学		
9. 理解人造卫星为什么不落地		
10. 经常参加学术会议		

统计"是"一栏得分：＿＿＿＿＿＿＿

A—艺术型能力

提问：你擅长做或胜任做下列事情吗？

	是	否
1. 能演奏乐器		
2. 能参加二部或四部合唱		
3. 独唱或独奏		
4. 扮演剧中角色		
5. 能创作简单的乐曲		
6. 会跳舞		
7. 能绘画、素描或书法		
8. 能雕刻、剪纸或泥塑		
9. 能设计板报、服装或家具		
10. 写得一手好文章		

统计"是"一栏得分：＿＿＿＿＿＿＿

S—社会型能力

提问：你擅长做或胜任做下列事情吗？	是	否
1. 有向各种人说明解释的能力		
2. 常参加社会福利活动		
3. 能和大家一起友好相处地工作		
4. 善于和年长者相处		
5. 会邀请人、招待人		
6. 能简单易懂地教育儿童		
7. 能安排会议等活动顺序		
8. 善于体察人心和帮助他人		
9. 帮助护理病人和伤员		
10. 安排社团组织的各项事务		

统计"是"一栏得分：＿＿＿＿＿＿

E—企业型能力

提问：你擅长做或胜任做下列事情吗？	是	否
1. 担任过学生干部并且干得不错		
2. 工作上能指导和监督他人		
3. 做事充满活力和热情		
4. 有效利用自身的做法影响他人		
5. 销售能力强		
6. 曾担任俱乐部或社团的负责人		
7. 向领导提出建议或反映意见		
8. 有开创事业的能力		
9. 知道怎样做能成为一名优秀的领导者		
10. 健谈善辩		

统计"是"一栏得分：＿＿＿＿＿＿

C—常规型活动

提问：你擅长做或胜任做下列事情吗？	是	否
1. 熟练地进行中文打字		
2. 会用复印机		
3. 能快速记笔记和抄写文章		
4. 善于整理、保管文件和资料		
5. 善于从事事务性的工作		
6. 会用算盘		
7. 能在短时间内分类和处理大量文件		
8. 能使用计算机		
9. 能搜集数据		
10. 善于为自己或集体做财务预算表		

统计"是"一栏得分：＿＿＿＿＿＿＿

Step 04 你所喜欢的职业。

下面列举了许多职业，对这些职业的基本情况你或多或少都有所了解，并在此基础上形成了自己的评价态度。如果你对某项职业喜欢的话，请在答题卷的相应题号上的"是"一栏内填"1"，如果不喜欢，则请在"否"一栏内填"0"，最后，统计"是"一栏的得分。这一部分测验也要求每题必做。

R—实际型职业

提问：你喜欢做下列事情吗？	是	否
1. 飞机机械师		
2. 野生动物专家		
3. 汽车修理工		
4. 木匠		
5. 测量工程师		
6. 无线电报务员		
7. 园艺师		
8. 长途公共汽车司机		
9. 手工艺人		
10. 电工		

统计"是"一栏得分：＿＿＿＿＿＿＿

I—研究型职业

提问：你喜欢做下列事情吗？	是	否
1. 气象学家或天文学家		
2. 生物学家		
3. 医学实验室的技术人员		
4. 人类学者		
5. 动物学者		
6. 化学家		
7. 数学家		
8. 科学杂志的编辑或作家		
9. 地质学家		
10. 物理学家		

统计"是"一栏得分：＿＿＿＿＿＿

A—艺术型职业

提问：你喜欢做下列事情吗？	是	否
1. 乐队指挥		
2. 演奏家		
3. 作家		
4. 摄影家		
5. 记者		
6. 画家		
7. 歌唱家		
8. 作曲家		
9. 电影 / 电视演员		
10. 导演		

统计"是"一栏得分：＿＿＿＿＿＿

S—社会型职业

提问：你喜欢做下列事情吗？	是	否
1. 街道、工会或妇联干部		
2. 小学、中学教师		
3. 精神病医生		
4. 婚姻介绍所工作人员		
5. 体育教练		
6. 福利机构负责人		
7. 心理咨询员		
8. 共青团干部		
9. 导游		
10. 国家机关工作人员		

统计"是"一栏得分：＿＿＿＿＿＿＿

E—企业型职业

提问：你喜欢做下列事情吗？	是	否
1. 厂长		
2. 电视剧制片人		
3. 公司经理		
4. 销售员		
5. 不动产推销员		
6. 广告部长		
7. 体育活动主办者		
8. 律师		
9. 个体工商业者		
10. 企业管理咨询人员		

统计"是"一栏得分：＿＿＿＿＿＿＿

C—常规型职业

提问：你喜欢做下列事情吗？	是	否
1. 会计师		
2. 银行出纳员		
3. 税收管理员		
4. 计算机操作员		
5. 簿记人员		
6. 文员		
7. 文书档案管理员		
8. 打字员		
9. 法庭记录员		
10. 人口普查登记员		

统计"是"一栏得分：＿＿＿＿＿＿＿＿＿

Step 05 统计和确定您的职业倾向。

请将 Step 02~Step 04 的全部测验分数按前面已统计好的 6 种职业倾向（R 型、I 型、A 型、S 型、E 型和 C 型）得分填入表 2-10，并做纵向累加。

总分表示你的职业倾向程度。

表 2-10　职业倾向测验得分

测　　验	R 型	I 型	A 型	S 型	E 型	C 型
你所感兴趣的活动（兴趣）						
你所擅长的活动（能力）						
你所喜欢的职业（回馈）						
总分						

（1）请将表 2-10 中的 6 种职业倾向总分按大小顺序依次从左到右重新排列：

＿＿＿＿型　＿＿＿＿型　＿＿＿＿型　＿＿＿＿型　＿＿＿＿型　＿＿＿＿型

（2）霍兰德代码中分数最高的 3 项就是你的霍兰德代码。

你的霍兰德代码为：＿＿＿＿＿＿＿

小提示　得分最高的职业类型意味着最适合你的职业。举例说明，假如你在 I 型上得分最高，说明你适合做自然科学方面的研究工作，如气象研究、生物学研究、天文学研究或科学杂志编辑等，其余类推。

如果最适合你的工作和你在 Step 01 所写的理想工作之间不太一致，或者在各种类型的职业上你的能力和兴趣不相匹配，那么请参照你的职业价值观做出最佳选择。举例说明，假如 Step 02 中你在 I 型上得分最高，但 Step 03 中你在 A 型上得分高，那么请参考你最看重的因素：假如你最看重"能充分发挥自己的能力特长"或"工作环境舒适"，那么 A 型工作更适合你；假如你最看重"能从事自己感兴趣的工作"或"工作稳定有保障"，那么 I 型工作更适合你。霍兰德职业倾向测试可以作为选择职业的工具之一，参考测评结果以及你的实际情况、个人能力、价值观、兴趣等做出抉择，必要时可找职业生涯规划专家咨询辅导。

复盘与评价

任务名称		姓名		所在团队		日期	

请用思维导图进行复盘，并呈现对你影响深刻的启发和你打算采取的行动。

注：在认知真我的过程中，根据霍兰德职业倾向测试，依次梳理出自己的职业兴趣、职业能力以及职业志趣。

评价指标	自我评价	组内互评	教师评价
分析职业兴趣类型 （20分）			
明确职业兴趣方向 （20分）			
找到培养兴趣的方法 （20分）			
发展职业志趣、明确职业倾向（20分）			
明确现阶段的行动路径 （20分）			
总分（100分）			

任务 3 活出真我

子任务 1：绘制生命纵贯线

子任务描述

生命纵贯线，也叫生命历程图，就是对自己人生的重大节点进行梳理，看看有哪些新的发现。比如，自己在面临重大抉择时，判断的依据是什么？在面临挑战时，自己是如何突破的，等等。通过绘制生命纵贯线，我们可以挖掘自己的内在驱动力和能力优势。想要成就自我的小伙伴们，让我们一起来体验这个游戏吧！

你问我擅长什么？好像我除了读书以外，没有什么擅长的事。

学习能力强也是你的特长呀！擅长是一个相对的概念，找到"你擅长什么"就能够挖掘出你的职业能力，掌握职业能力培养的方法！

那这一点很重要！谢谢老师提点！

子任务实施

让我们一起绘制生命纵贯线，运用 STAR 法进行成就事件分析，学会挖掘个人职业能力，掌握职业能力培养的方法。

Step 01 了解小燕的生命纵贯线。

小燕今年 17 岁，她预设自己的生命终点是 100 岁。如图 2-2 所示，在她的生命纵贯线中，线段 AB 表示过去的生命时光，线段 BC 表示未来的生命时光。在她的生命纵贯线的 AB 段中，她标注了 3 件对自己有着重要影响的事件：得到一件心爱的礼物、宠物死了、比赛获奖；在她的生命纵贯线的 BC 段中，她标注了 3 个自己最希望实现的愿望：考上向往的大学、到南极探险、写一本自传。正向事件（快乐）标注在横线之上，负向事件（痛苦）标注在横线之下。

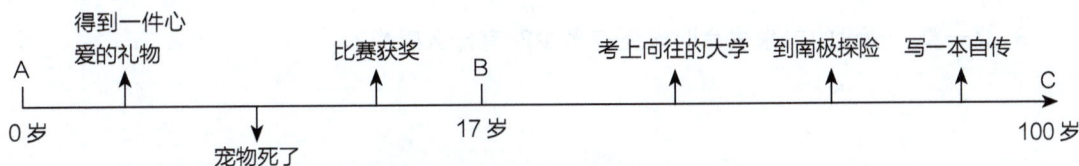

图 2-2 小燕的生命纵贯线

Step 02 做好生命纵贯线绘制前的准备。

1. 拿出你准备好的 1 张洁白的纸、1 支黑色签字笔、1 支红色彩笔、1 支蓝色彩笔。在白纸的中部，从左至右画一道长长的带箭头的横线，让它成为一条有方向的线。

2. 请你在横线起点写上 0，在箭头顶端写上你预计的生命终点岁数。可以是 69 岁，也可以是 100 岁，然后画上你现在年龄的刻度。现在，这 3 个数字组成了 AB 和 BC 两条线段。

3. 最后，请你在这条横线的最上方，写上"某某（姓名）的生命纵贯线"几个字，准备工作就完成了。

Step 03 画出自己的生命纵贯线。

1. 请你闭上眼睛，在脑海中细细搜索，在过往的岁月中，找到 3 件对自己有重要影响的事件，在 AB 段中标注出来，建议用红色笔标注正向事件（快乐），蓝色笔标注负向事件（痛苦）。

2. 请你再次闭上眼睛，憧憬未来，在 BC 段中标注自己未来最希望实现的 3 个愿望，同样用红、蓝两色区分心情。

_____的生命纵贯线

Step 04 交流分享。

1. 你将自己生命的终点预设到什么年龄，为什么会这样设置？

2. 过去最重要的 3 件事情，对自己有什么影响？

3. 算一算，预设的未来生命时光还有多少？有什么感想？

4. 怎样才能实现自己未来的 3 个愿望？

Step 05 成就事件分析。

1. 选择 3 个最重要的成就事件，用 STAR 法详述，并参与小组讨论。

成就事件 1：_____

Situation（处境 / 背景）：

_____

_____

Task（任务 / 目标）：

_____

_____

Action（行动）：

_____

_____

Result（结果）：

_____

_____

请思考：

（1）这个故事体现了你的哪些优势？（能力、资源、态度等，不超过 3 个）

_____

（2）这个成就事件背后，是什么在驱动你？（不超过 3 个）

_____

成就事件 2：_____

Situation（处境 / 背景）：

_____

_____

Task（任务/目标）：

Action（行动）：

Result（结果）：

请思考：

（1）这个故事体现了你的哪些优势？（能力、资源、态度等，不超过3个）

（2）这个成就事件背后，是什么在驱动你？（不超过3个）

成就事件3：

Situation（处境/背景）：

Task（任务/目标）：

Action（行动）：

Result（结果）：

请思考：

（1）这个故事体现了你的哪些优势？（能力、资源、态度等，不超过 3 个）

（2）这个成就事件背后，是什么在驱动你？（不超过 3 个）

2. 结合你的成就事件，你对自己有哪些觉察和发现？

3. 结合你的优势和驱动力，哪些职业方向更适合你？

4. 如果用一句话总结自己的职业之道（成功之路），那应该是什么？

一分钟小结

做完这部分任务后，你有什么感触和启发吗？请列出对你影响深刻的 3 点启发和你打算采取的 1 个行动，填入表 2-11。

表 2-11 3 点启发和 1 个行动

启发	1.
	2.
	3.
行动	

子任务 2：生涯故事会

子任务描述

经过在兴趣岛上的霍兰德测评，小燕更加明确了自己感兴趣的、擅长的活动，以及所喜欢的职业，接下来我们将以组为单位开一个生涯故事会，轮换以分享者、引导者和观察员的身份体验更多人的生涯故事。

子任务实施

Step 01 3 人或 4 人成组，进行角色分配。每个人在一轮非正式评估中，分别担任分享者、引导者、观察员（如果是 4 人小组，则每轮 2 位观察员，即每人担任 2 次观察员），将角色分配情况填入表 2-12。

表 2-12　角色分配

每轮 15 分钟	分　享　者	引　导　者	观　察　员
第 1 轮			
第 2 轮			
第 3 轮			
第 4 轮			

每种角色的工作任务如下。

分享者——把自己的霍兰德测试结果填到表 2-13，分享中保持开放、信任的心态。

引导者——设计非正式评估问题并与分享者对谈，通过提问→找关键词→匹配代码，帮分享者梳理自身经历，得出分享者认同的霍兰德非正式评估代码（13 分钟 / 轮），并在表 2-14 中记录分享者及观察员的反馈及自己的评估感受。

观察员——提示时间（例如"还有 5 分钟""还有 1 分钟""时间到"），在表 2-17 中简要记录引导者的亮点和提升点，一轮对练结束后口头反馈给引导者。（2 分钟 / 轮）

Step 02 填写分享信息。

1. 你最喜欢的是哪 3 件事？为什么喜欢它们？

喜欢的事情 1：_____ 　你的理由：_____

喜欢的事情 2：_____ 　你的理由：_____

喜欢的事情 3：_____ 　你的理由：_____

2. 你最擅长的是哪 3 件事？具体体现在哪些方面？

擅长的事情 1：_____　　你的理由：_____

擅长的事情 2：_____　　你的理由：_____

擅长的事情 3：_____　　你的理由：_____

3. 在你的成长过程中，你最敬佩哪 3 个人？他们的哪些特质让你敬佩？

最敬佩的人 1：_____　　你的理由：_____

最敬佩的人 2：_____　　你的理由：_____

最敬佩的人 3：_____　　你的理由：_____

Step 03 引导和分享。

1. 分享者先填写表 2-13，然后根据自己的实际情况，回答引导者的提问。

表 2-13　霍兰德正式评估分值

霍兰德代码	R	I	A	S	E	C
兴趣						
能力						
回馈						

小提示　将霍兰德正式测评结果写入表 2-13 中即可。

2. 引导者对分享者提问，不断追问、判断分享者的兴趣偏好，并将反馈信息填入表 2-14。

表 2-14　引导员记录卡

设计问题及所答事项	通过追问、判断，与分享者确认，在每行对应的方框打√					
喜欢的事情 1：	□	□	□	□	□	□
喜欢的事情 2：	□	□	□	□	□	□
喜欢的事情 3：	□	□	□	□	□	□
擅长的事情 1：	□	□	□	□	□	□
擅长的事情 2：	□	□	□	□	□	□
擅长的事情 3：	□	□	□	□	□	□
最敬佩的人 1：	□	□	□	□	□	□
最敬佩的人 2：	□	□	□	□	□	□
最敬佩的人 3：	□	□	□	□	□	□
……	□	□	□	□	□	□
……	□	□	□	□	□	□
……	□	□	□	□	□	□
非正式评估 3 位代码：						

（续）

设计问题及所答事项	通过追问、判断，与分享者确认，在每行对应的方框打√
分享者的反馈：	
观察员的反馈：	
评估感受：	

小提示　沟通中根据回答和确认对应代码打√。最后一行按√数计分，原则上一行只打1个√。

（1）确认分享者"喜欢的事情"，填入表2-15。

表2-15　分享者"喜欢的事情"

喜欢的事情	为什么喜欢做这件事	这件事情与你的职业生涯有什么联系
事件1：		
事件2：		
事件3：		

（2）确认分享者"擅长的事情"，填入表2-16。

表2-16　分享者"擅长的事情"

擅长的事情	请描述当时事件的背景、活动和结果	当时的体验或感受是什么	如果给这个事件起个包含动词的标题，那会是什么
事件1：			

（续）

擅长的事情	请描述当时事件的背景、活动和结果	当时的体验或感受是什么	如果给这个事件起个包含动词的标题，那会是什么
事件2：			
事件3：			

（3）确认分享者"最敬佩的人"。

问题1：这3个人有哪些共性特征？

问题2：你与这3个人有什么相似之处？

问题3：你与这3个人有什么不同？

问题4：如果想成为这样的人，你需要做些什么？

3. 观察者用心聆听，在表2-17中记录你认为引导者做得好的3点以及可以做得更好的1点。一轮结伴对练结束后，将观察记录口头反馈给引导者（2分钟/轮）。

表 2-17　观察员记录卡

观察员：	引导者：	分享者：

引导者做得好的 3 点是：

1.

2.

3.

引导者可以做得更好的 1 点是：

备注：

Step 04 确认霍兰德代码。

引导者确认的霍兰德代码为：_____

分享者确认的霍兰德代码为：_____

一分钟小结

做完这部分任务后，你有什么感触和启发吗？请列出对你影响深刻的 3 点启发和你打算采取的 1 个行动，填入表 2-18。

表 2-18　3 点启发和 1 个行动

启发	1.
	2.
	3.
行动	

复盘与评价

任务名称		姓名		所在团队		日期	

请用思维导图进行复盘，并呈现对你影响深刻的启发和你打算采取的行动。

注：在活出真我的过程中，通过成就事件梳理自己的优势、驱动力以及成功之道，明确现阶段的行动路径。

评价指标	自我评价	组内互评	教师评价
回顾个人成长历程 （20分）			
分析自己的优势 （20分）			
找到自己的内驱力 （20分）			
探寻个人成功之道 （20分）			
明确现阶段的行动路径 （20分）			
总分（100分）			

拓展案例

　　小林由于高考临场发挥失误，失去了选择自己理想专业的机会，接受调剂后，就读于某职业技术学院软件专业。他从小到大都乐于帮助老师管理班级、热心助人，是个大家公认的好班长。但遗憾的是，他一直对数字、计算、符号代码等不敏感，也不喜欢。在学习职业生涯规划课程中，他知道自己的职业兴趣倾向是做与人打交道的工作。

　　请分析：

　　（1）按照小林的职业兴趣特点，他更合适的职业领域有哪些？

　　（2）小林所学的专业与个人兴趣不匹配，你会建议他怎么做？

　　（3）反思你自己，在职业选择中你有哪些感悟和行动？

藏宝箱

TC 01：霍兰德六种职业倾向类型特征

1959 年，霍兰德将职业人格类型理论运用于美国劳工部制定的职业条目词典将其中 12099 种职业赋予霍兰德人格类型代码，编纂了"霍兰德职业代码词典"。R、I、A、S、E、C 代码被称为"霍兰德代码"（Holland Code）。霍兰德六种职业倾向类型特征见表 2-19。

表 2-19　霍兰德六种职业倾向类型特征表

职业倾向类型	喜欢的活动	职业环境要求	典型职业
R 型	用手、工具和机器制造或修理东西 愿意从事实物性工作、体力活动 喜欢户外活动或操作机器 不喜欢在办公室纯脑力地工作	使用手工或机械技能对物体、工具、机器、动物等进行操作 与"事物"工作的能力比与"人"打交道的能力更突出	园艺师、木匠、汽车修理、工程师、军官、兽医、足球教练员
I 型	喜欢探索和理解事物 喜欢研究思考抽象问题 对未知问题的挑战充满兴趣 喜欢独立工作	分析研究问题，运用复杂和抽象的思考 创造性地解决问题的能力 谨慎缜密，能运用智慧独立地工作	实验室工作人员、生物学家、化学家、研发人员，教授
A 型	喜欢自我表达 喜欢文学、音乐、艺术和表演等具有创造性、变化性的工作 重视作品的原创性和创意	创造力，对情感的表现能力 以非传统方式来表现自己 自由、开放	设计师、编辑、作家、音乐家、摄影师、漫画家
S 型	喜欢与人合作，热情，关心他人幸福 愿意帮助别人成长或解决困难 为他人提供服务	具有较强的人际交往能力 具有教导、医治、帮助他人等方面的技能 对他人表现出精神上的关爱，愿意承担社会责任	教师、社会工作者、心理咨询师、护士
E 型	喜欢领导和支配 通过领导、劝说或推销来达到组织或个人的目标 非常希望成就一番事业	说服他人，支配他人的能力 敢于承担风险，目标导向	律师、市场、销售、制片人
C 型	喜欢固定、有秩序的工作或活动 需要确切指导工作的要求和标准 愿意在一个大机构中处于从属地位 对文字、数据和事物进行细致有序的系统处理，以达到特定的标准	文书技巧、组织能力 听取并遵从指示的能力 能够按时完成工作并达到严格标准 有组织、有计划	文字责编、会计师、银行家、税务员

TC 02：卡尔柯乞的 20 项标准

本项目任务 1 中要求画一棵自己的果树，可对照卡尔柯乞的 20 项标准，分析自己潜在的性格。

1. 树有根：表示受测者执着于尘世，稳重，不投机，不做轻率之举。

2. 树无根，且无横线表示地面：受测试者缺乏自觉，行为无一定之规，喜欢投机。

3. 树立与形似山巅的地面上：受测试者孤立自己，或有孤立之感，社会关系陷入扰乱不安的境地。

4. 树干短且树冠大：有强烈的自觉性，富有雄心，有获得别人赞许的欲望，骄傲。

5. 树干长且树冠小：发育迟滞，这种树形常见于儿童的图画之中。

6. 树干由两条平行直线段构成：斤斤计较，实事求是，少想象，倔强固执。

7. 树干由两条处处等距而波动的线条构成：活泼，有生气，易适应环境。

8. 树干由断续不整的短画构成：敏感易怒，思考问题凭直觉，很少使用推理。

9. 树干左边有阴影：性格内向，拘谨。

10. 树干右边有阴影：性格外向，乐于与外界接触。

11. 树冠扁平：由于外界压力而变得拘谨，有自卑感。

12. 树冠由同心圆组成：富于神秘性，缺乏活力，自我满足，性格内向。

13. 树冠由排列的树枝构成：勤勉，进取，富有创造力，性格外向。

14. 树冠似云：富于想象，多梦想，易激动。

15. 树冠由一簇钩圈组成：热忱，坦白，好交际，健谈。

16. 树形似棚：墨守传统，拘泥形式，善自制。

17. 树形倾向右边：好交际，易激动，对未来充满信心，善表现，擅长活动。

18. 树倾向于左边：节制，含蓄，小心，对未来充满恐惧。

19. 树上有果实：善于观察，非常重视物质享受，现实主义。

20. 树叶或果实落到地下：敏感，理解力强，缺乏毅力，听天由命。

TC 03：乔哈里窗

乔哈里窗是一种关于沟通的技巧和理论，也被称为"自我意识的发现—反馈模型"，最初由美国心理学家乔瑟夫和哈里于 20 世纪 50 年代提出。如图 2-3 所示，它将信息沟通比作一个窗子，依据人际传播双方对传播内容的熟悉程度，将沟通信息划分为公开区、隐藏区、盲区和潜能区四个区域。乔哈里窗逐渐成为被广泛使用的管理模型，用来分析以及训练个人发展的自我意识，增强信息沟通、人际关系、团队发展、组织动力以及组织间关系。

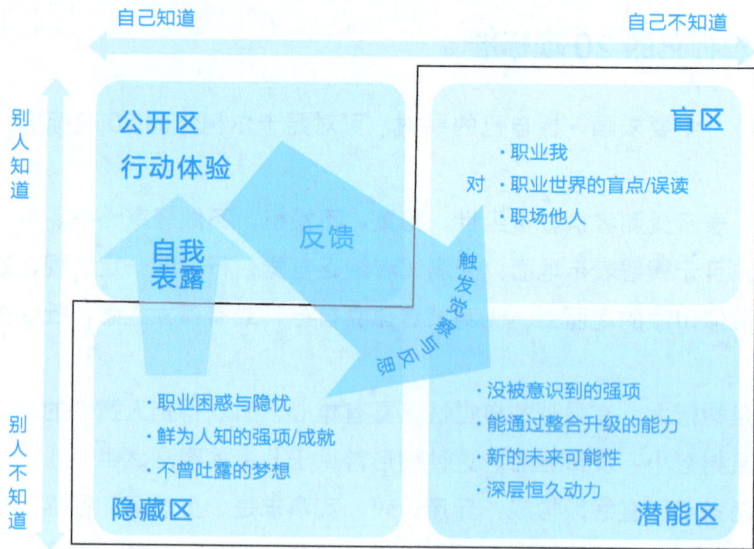

图 2-3　乔哈里窗

TC 04：印象管理

印象管理是心理学家欧文·戈夫曼等人提出的一种理论，研究人们如何管理和控制他人对自己所形成印象的过程。该理论认为不论个体在组织内部还是组织外部都渴望被别人积极看待，避免被别人消极看待。试图使别人积极看待自己的努力叫获得性印象管理；而尽可能弱化自己的不足或避免使别人消极地看待自己的防御性措施是保护性印象管理。

印象管理的过程通常包括两个阶段：一是形成印象管理的动机，二是进行印象建构。具体如图 2-4 所示。

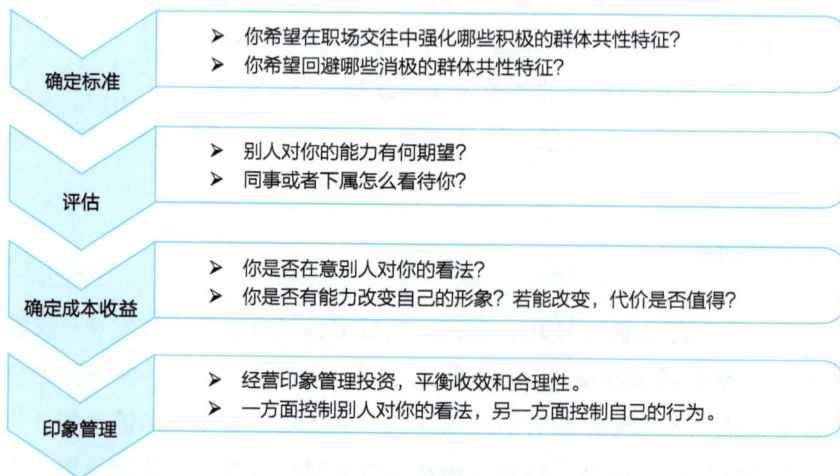

确定标准
- ➤ 你希望在职场交往中强化哪些积极的群体共性特征？
- ➤ 你希望回避哪些消极的群体共性特征？

评估
- ➤ 别人对你的能力有何期望？
- ➤ 同事或者下属怎么看待你？

确定成本收益
- ➤ 你是否在意别人对你的看法？
- ➤ 你是否有能力改变自己的形象？若能改变，代价是否值得？

印象管理
- ➤ 经营印象管理投资，平衡收效和合理性。
- ➤ 一方面控制别人对你的看法，另一方面控制自己的行为。

图 2-4　印象管理过程

TC 05：萨维科斯的生涯五问

　　萨维科斯最经典的研究莫过于他从 30 年的实践中发展出 5 个问题，这 5 个问题就像打开我们过往生命史册的 5 把钥匙，每把钥匙都将开启通往特定主题故事之门，当我们对这些生命故事积极地进行自我反省，觉察内在的联系之后，发现反复再现的情节，就能探明属于我们自己的生涯主题。

　　第一个问题：问角色楷模。

　　生涯一问：在你成长的过程中，有哪些人是你最敬佩的？除父母以外，列举出 3 位。

　　注：我们发现，通过描述楷模的特征、事迹，可以比较真实地厘清我们的生活目标，指引出我们最关心的问题，甚至对自己的期待。

　　第二个问题：问杂志、电视节目或网站。

　　生涯二问：你经常看哪些杂志、电视节目或浏览网站？你喜欢这些杂志、电视节目或网站的哪方面？

　　注：我们发现，要评估一个人的职业兴趣，可以通过聚焦于其偏好的职业环境来评估。列举最喜欢的杂志、电视节目或网站等可能会显露出我们的个人兴趣。

　　第三个问题：问书籍或电影（兴趣）

　　生涯三问：你最喜欢的书或电影是什么？跟我讲讲里面的故事。

　　注：我们发现，通常最喜欢的书籍或电影，其故事情节可能清晰地描绘了我们核心的生活问题，而故事情节中主角与生命搏斗的历程，可能正符合我们的期待。

　　第四个问题：问座右铭

　　生涯四问：讲讲你最喜爱的一句格言或座右铭是什么？

　　注：我们发现，格言或座右铭通常会简洁地表达我们对自己的建议，是对于如何前进到下一幕的直觉理解。

　　第五个问题：问早期回忆

　　生涯五问：你最早的回忆是什么？我想听到 3 个故事，关于你在 3~6 岁时发生的事情，或者说说你现在能记起的最早的事情。

　　注：我们发现，早期回忆，特别是我们最早的记忆，会让我们在若干个故事之中探索到生命中的连贯性主题，也形成了一个前进方向。

TC 06：STAR 法则

　　在撰写简历中的工作经历、活动经历时，费尽心思去搜寻最厉害的经历，就能证明自己是适合这个职位的人吗？面试时，应如何描述适合的经历，才能引起面试官的关注？什么样的叙事思路能凸显清晰的逻辑？

　　如图 2-5 所示，STAR 法则是情境 (Situation)、目标（Target）、行动 (Action)、结果 (Result) 四项的缩写，就是一种讲述自己故事的方式，或者说，是一个清晰且有条理的叙事模板。合理熟练运用此法则，可以轻松地描述事物的逻辑方式，表现出自己分析阐述问题的清晰性、条理性和逻辑性。因此，STAR 法则常被面试官用来收集面试者与工作相关的具体信息和能力。

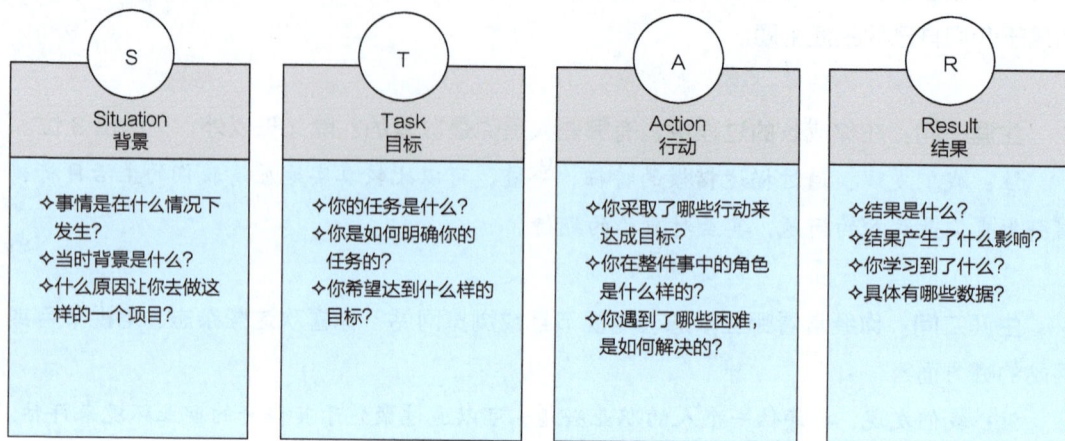

S Situation 背景	T Task 目标	A Action 行动	R Result 结果
❖事情是在什么情况下发生？ ❖当时背景是什么？ ❖什么原因让你去做这样的一个项目？	❖你的任务是什么？ ❖你是如何明确你的任务的？ ❖你希望达到什么样的目标？	❖你采取了哪些行动来达成目标？ ❖你在整件事中的角色是什么样的？ ❖你遇到了哪些困难，是如何解决的？	❖结果是什么？ ❖结果产生了什么影响？ ❖你学习到了什么？ ❖具体有哪些数据？

图 2-5　STAR 法则

项目三　探索职业世界

学习目标

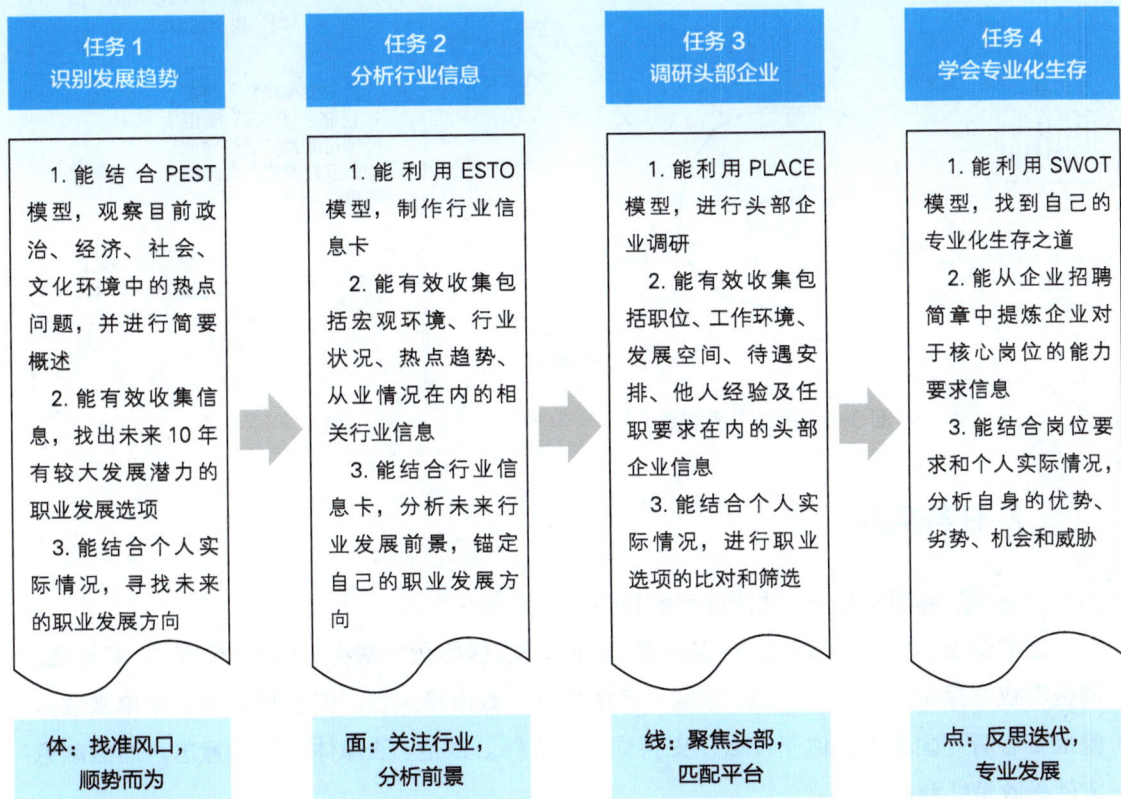

任务 1 识别发展趋势	任务 2 分析行业信息	任务 3 调研头部企业	任务 4 学会专业化生存
1. 能结合 PEST 模型，观察目前政治、经济、社会、文化环境中的热点问题，并进行简要概述　2. 能有效收集信息，找出未来 10 年有较大发展潜力的职业发展选项　3. 能结合个人实际情况，寻找未来的职业发展方向	1. 能利用 ESTO 模型，制作行业信息卡　2. 能有效收集包括宏观环境、行业状况、热点趋势、从业情况在内的相关行业信息　3. 能结合行业信息卡，分析未来行业发展前景，锚定自己的职业发展方向	1. 能利用 PLACE 模型，进行头部企业调研　2. 能有效收集包括职位、工作环境、发展空间、待遇安排、他人经验及任职要求在内的头部企业信息　3. 能结合个人实际情况，进行职业选项的比对和筛选	1. 能利用 SWOT 模型，找到自己的专业化生存之道　2. 能从企业招聘简章中提炼企业对于核心岗位的能力要求信息　3. 能结合岗位要求和个人实际情况，分析自身的优势、劣势、机会和威胁
体：找准风口，顺势而为	面：关注行业，分析前景	线：聚焦头部，匹配平台	点：反思迭代，专业发展

任务 1　识别发展趋势

任务描述

在角色认知和自我认知的基础上，小燕按照"点 – 线 – 面 – 体"的定位选择方法，开始从国家、行业、企业到个人的职业发展路径探索职业世界。PEST 模型是识别发展趋势的一个常用工具，如图 3–1 所示，P–E–S–T 四个字母分别代表"俯瞰宏观经济发展趋势"的四个角度：Political（政治 / 法律）、Economic（经济）、Social（社会文化）、Technological（技术）。经过 P–E–S–T 四步分析，小燕从"跨境电商→出口跨境电商→自有品牌的出口跨境电商→技术红利期内的自有品牌出口跨境电商"四个层面，逐步确定了自己的职业发展战略。下面，我们就一起学习如何利用 PEST 模型从宏观层面把握社会经济发展的总体趋势吧。

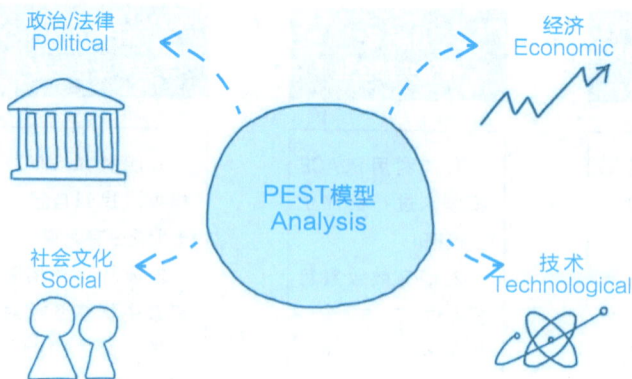

我承认我经常会被别人影响，被身边类似"那是国家扶持的重点产业啊""那个行业很热门啊""那个行业有发展前景啊"等言论影响自己的选择。没有判断能力，很容易陷入漩涡，找不到出口。

"识别发展趋势"是有方法的！PEST 模型能够帮助我们很好地识别国家发展和行业趋势前景。

太好了！学习这个模型能让我也成为一个对宏观趋势有一定判断能力的人啦！

政治/法律 Political

经济 Economic

PEST模型 Analysis

社会文化 Social

技术 Technological

图 3-1 PEST 模型图

任务实施

Step 01 看国家政治 / 法律层面的趋势。

国家政治/法律主要包括：环保制度、税收政策、国际贸易章程与限制、合同法、劳动法、消费者权益保护法、政府组织 / 态度、竞争规则、政治稳定性、安全规定等。简单来说，就是要看看"国家想让你干什么、支持你干什么"。政治 / 法律体现国家意志，而国家意志就是政策红利。

那么，问题来了。从你掌握的信息来看，国家意志主要体现在哪些方面呢？国家大力提倡而且未来 10 年有较大发展潜力的是哪些行业？根据国家政治 / 法律层面的分析，你希望进入并有信心在哪个领域发展？

你的观察：

你的思考：

Step 02 看国家经济发展趋势。

经济层面主要包括：经济增长、利率与货币政策、政府开支、失业政策、税收、汇率、通货膨胀率、商业周期所处的阶段、消费者信心等。

图 3-2 为美国 200 年来的行业增速变迁图。从图中可以看出，美国从 1820 年开始到 20 世纪末，一共经历了 6 个大的行业增速变迁，分别是蒸汽、轮船、铁路、电力、电话、汽车、电脑和互联网。美国 200 年来的行业增速变迁的明显特征是：行业周期越来越短，而上升势头越来越猛。

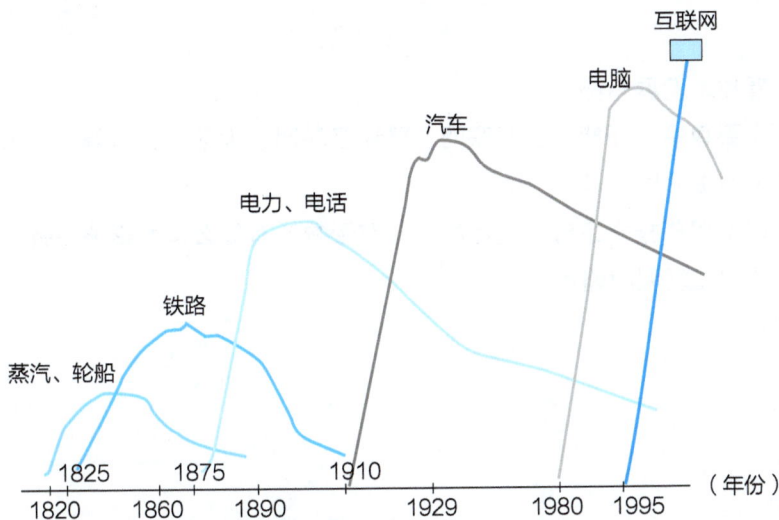

图 3-2　美国 200 年来的行业增速变迁图

请依据 GDP 数据及其他可靠信息，分析中国改革开放以来以及未来 10 年经济发展趋势，阐述你观察和理解到的共性特征是什么？根据经济发展趋势分析，判断你决定在哪个行业发展。

你的观察：＿＿＿＿＿＿＿＿＿＿＿＿＿＿＿＿＿＿＿＿＿＿＿＿＿＿＿＿

＿＿＿＿＿＿＿＿＿＿＿＿＿＿＿＿＿＿＿＿＿＿＿＿＿＿＿＿＿＿＿＿＿＿

＿＿＿＿＿＿＿＿＿＿＿＿＿＿＿＿＿＿＿＿＿＿＿＿＿＿＿＿＿＿＿＿＿＿

你的思考：＿＿＿＿＿＿＿＿＿＿＿＿＿＿＿＿＿＿＿＿＿＿＿＿＿＿＿＿

＿＿＿＿＿＿＿＿＿＿＿＿＿＿＿＿＿＿＿＿＿＿＿＿＿＿＿＿＿＿＿＿＿＿

＿＿＿＿＿＿＿＿＿＿＿＿＿＿＿＿＿＿＿＿＿＿＿＿＿＿＿＿＿＿＿＿＿＿

Step 03 看社会文化发展趋势。

社会文化层面主要包括：收入分布与生活水平、社会福利与安全感、人口结构与趋势、劳动力供需关系、企业家精神、潮流与风尚、消费升级、大健康、新生代生活态度等。

从社会文化角度分析你选定行业的发展趋势，找出你认为最重要的社会文化要素，判断你更擅长在哪个行业细分赛道发展。

你的观察：_____

_____

_____

_____

你的思考：_____

_____

_____

Step 04 看技术发展趋势。

技术层面主要包括：新能源、互联网、移动互联网、大数据、机器人、人工智能、产业技术、技术采用生命周期等。

请思考，以上哪些技术会对你选定的行业有影响？有什么样的影响？针对这些影响，你将制定怎样的职业发展战略？

你的观察：_____

_____

_____

_____

你的思考：_____

_____

_____

_____

一分钟小结

请根据以上分析，在表 3-1 绘制你关注行业的 PEST 模型，并写下你的行动计划。

表 3-1　PEST 模型和行动计划

你的 PEST 模型：	你的行动计划：

复盘与评价

任务名称		姓名		所在团队		日期	

职业目标：_____

评价步骤：

第一步：将正在考虑的职业填写在职业目标中。

第二步：按 PEST 模型对该职业进行客观描述。

第三步：用文字对该职业进行 PEST 模型要素的主观评价。

第四步：以0~5分进行评分，从"完全没有吸引力"到"有绝对的吸引力"，评估各要素满足个人需要的程度。

第五步：计算出该职业方案的总分。

第六步：可对多个职业进行评估（按需加页），依次对各个职业进行分析、评分排序，选择得分最高的一个职业。

PEST 模型要素	职业特点 （客观描述）	职业评价 （主观看法）	职业评分 （完全没有吸引力→绝对有吸引力）
P - Political （政治 / 法律）			0 1 2 3 4 5
E - Economic （经济）			0 1 2 3 4 5
S - Social （社会文化）			0 1 2 3 4 5
T - Technological （技术）			0 1 2 3 4 5
评价指标	自我评价	组内互评	教师评价
要素描述完备 （20分）			
模型理解透彻 （20分）			
自我认知清晰 （20分）			
语言表述准确 （20分）			
行动计划可控 （20分）			
总分（100分）			

任务 2 分析行业信息

任务描述

选定行业赛道后，小燕要对行业的发展前景以及就业情况进行科学的分析。ESTO 模型是制作行业信息卡的一个常用工具，E-S-T-O 4 个字母，分别代表 4 个层面的行业信息：Environment（宏观环境）、Situation（行业状况）、Trend（热点趋势）、Opportunities（从业信息）。下面，我们跟随小燕一起利用 ESTO 模型制作行业信息卡，见表 3-2。

国家的发展、行业的趋势，这么宏观的事物跟我找工作有什么具体的联系呢？

我们可以通过制作行业信息卡，把行业发展与个人就业联系起来进行分析哦！

好的！谢谢老师！这个确实很重要！

表 3-2　行业信息卡

行业信息卡	
Environment（宏观环境）	Situation（行业状况）
Trend（热点趋势）	Opportunities（从业信息）

小提示　以上问题最多列出 5 个答案，并尽可能精简。可以参考任务攻略，多个答案请用"/"区隔。

任务实施

在任务 1 中，我们确定了具有上升发展趋势且自己也比较心仪的行业。接下来，请补充 PEST 模型中的行业信息，回答以下问题。

Step 01 梳理宏观环境信息。

1. 当前该行业的政策环境如何？政府监管情况如何？

2. 当前经济环境、社会需求、大众心理有怎样的变化？

3. 当前可在行业内运用结合的有哪些技术？技术发展趋势是怎样的？

Step 02 分析行业状况。

1. 这个行业的规模、增速如何？有什么特点？（尽量以数据形式呈现信息，并注明来源。）

2. 这个行业有哪些细分赛道？哪些是新赛道？

3. 在你感兴趣的细分赛道中，有哪些头部公司？

Step 03 分析热点趋势。

1. 这个行业近两年的热点、趋势和发展方向是什么？

2. 这个行业面临的痛点是什么？

Step 04 分析从业信息。

1. 该行业内有哪些人才需求热点？

2. 该行业内有哪些热门职位，对应薪酬情况如何？填入表 3-3。

表 3-3　职位薪酬表

热门职位	对应薪酬（元 / 月）
（1）	
（2）	
（3）	
（4）	
（5）	
（6）	
（7）	
（8）	
（9）	
（10）……	

注：一般以北上广深为参考，也可以根据实际情况增补不同地域的薪酬信息。

⏱ 一分钟小结

分组分享行业信息卡，列出对你影响深刻的 3 点启发和你打算采取的 1 个行动。填入表 3-4。

表 3-4　3 点启发和 1 个行动

启发	1.
	2.
	3.
行动	

复盘与评价

任务名称		姓名		所在团队		日期	

职业目标：＿＿＿＿＿＿＿＿＿＿＿＿＿＿

评价步骤：

第一步：将正在考虑的职业填写在职业目标中。

第二步：按ESTO模型对该职业进行客观描述。

第三步：用文字对该职业进行ESTO模型要素的主观评价。

第四步：以0~5分进行评分，从"完全没有吸引力"到"有绝对的吸引力"，评估各要素满足个人需要的程度。

第五步：计算出该职业方案的总分。

第六步：可对多个职业进行评估（按需加页），依次对各个职业进行分析、评分排序，选择得分最高的一个职业。

ESTO模型要素	职业特点（客观描述）	职业评价（主观看法）	职业评分（完全没有吸引力→绝对有吸引力）
E - Environment（宏观环境）			0 1 2 3 4 5
S - Situation（行业状况）			0 1 2 3 4 5
T - Trend（热点趋势）			0 1 2 3 4 5
O - Opportunities（从业信息）			0 1 2 3 4 5
评价指标	自我评价	组内互评	教师评价
要素描述完备（20分）			
模型理解透彻（20分）			
自我认知清晰（20分）			
语言表述准确（20分）			
行动计划可控（20分）			
总分（100分）			

任务 3　调研头部企业

任务描述

对于行业中的标杆，小燕认为有必要对头部企业进行详尽的分析。如图 3-3 所示，PLACE 模型是企业调研分析的一个常用工具，P-L-A-C-E 5 个字母，分别代表 5 个层面的职位信息：Position（职位信息）、Location（工作环境）、Advancement（发展空间）、Condition of Employment（待遇安排）、Experience&Entry Requirements（他人经验及任职要求）。下面，我们跟随小燕一起，利用 PLACE 模型调研头部企业。

图 3-3　PLACE 模型

任务实施

Step 01　调研之前先问自己几个问题。

1. 你希望自己未来在哪个城市发展？你的理由是？填入表 3-5。

表 3-5　城市选择

城市类型	城市名称	你的理由	你的计划
北上广深 一线城市			
省会城市或发达的二线城市			
地级市及三四线城市			
家乡或其他			

2. 你会选择在哪个行业或专业领域发展？你的理由是？

你选择的行业是：_____

你的理由是：_____

你选择的专业领域是：_____

你的理由是：_____

3. 你会选择什么类型的组织？你的理由是？填入表 3-6。

表 3-6 组织选择

组织类型	职位名称	你的理由（企业文化、发展状况等）	你的计划
政府部门或事业单位			
外资企业			
国有企业			
私营企业			
自主创业或其他			

> **小提示** 企业发展状况可以依据企业生命周期曲线进行大致判断。

4. 你希望跟什么样的团队一起工作？你打算如何进入这样的团队？

领导风格：_____

团队成员：_____

工作氛围：_____

你的行动：_____

Step 02 确定调研要素。

1. 依据 PLACE 模型，分析在你心目中好工作的标准是什么？填入表 3-7。

表 3-7 好工作的标准

要求	你心中的标准	你的理由	大家的标准	大家的理由	启发与感受
P- 职位					
L- 环境					
A- 发展					

（续）

要求	你心中的标准	你的理由	大家的标准	大家的理由	启发与感受
C- 待遇					
E- 经验					

2. 依据 PLACE 模型，确定调研要素。

经过综合考虑，从模型的 P–L–A–C–E 5 个字母中确定 1~2 个可以量化且是你特别看重的要素，填入表 3–8。

表 3-8　调研要素

要求	调研要素
P- 职位	
L- 环境	
A- 发展	
C- 待遇	
E- 经验	

Step 03 选择信息获取渠道，填入表 3–9。

表 3-9　信息获取渠道

信息获取渠道	渠道名称	你的收获	你的行动
就业指导中心			
政府网站			
商业型网站			
求职 App			
微信公众号			
人才市场			
实习单位			
社会关系			
其他			

Step 04 找准调研对象。填写表 3–10。

表 3–10　调研对象

调研要素	调研对象 1：＿＿＿＿		调研对象 2：＿＿＿＿		调研对象 3：＿＿＿＿	
岗位要求	□ 符合	□ 不符合	□ 符合	□ 不符合	□ 符合	□ 不符合
公司产品	□ 符合	□ 不符合	□ 符合	□ 不符合	□ 符合	□ 不符合
核心人物	□ 符合	□ 不符合	□ 符合	□ 不符合	□ 符合	□ 不符合
业界评价	□ 符合	□ 不符合	□ 符合	□ 不符合	□ 符合	□ 不符合
行业地位	□ 符合	□ 不符合	□ 符合	□ 不符合	□ 符合	□ 不符合
企业文化	□ 符合	□ 不符合	□ 符合	□ 不符合	□ 符合	□ 不符合
竞争对手	□ 符合	□ 不符合	□ 符合	□ 不符合	□ 符合	□ 不符合
主要客户	□ 符合	□ 不符合	□ 符合	□ 不符合	□ 符合	□ 不符合
晋升机制	□ 符合	□ 不符合	□ 符合	□ 不符合	□ 符合	□ 不符合

小提示　此表主要用于头部企业的筛选，大家可以根据自己的实际需求，增加或删除表中的调研要素，在表内的空白处填写是否符合自己的需求即可。

Step 05 依据 PLACE 模型，进行信息收集和比对。填写表 3–11。

表 3–11　信息收集和比对

要　　求	权　　重	调研要素	调研对象 1：＿＿	调研对象 2：＿＿	调研对象 3：＿＿
P– 职位					
L– 环境					
A– 发展					
C– 待遇					
E– 经验					
总分 = 赋值 × 权重					

小提示　此表主要用于头部企业的信息收集和比对，需对每个调研要素赋予权重（1~10），并按照重要程度打分（1 为特别不重要，10 为特别重要），最后汇总。

⏱ | 一分钟小结

1. 你进入该公司的优势是什么？你的资源有哪些？

_____

_____

2. 该公司的企业文化是否符合你的价值观？

_____

_____

3. 你和该公司在哪些方面的匹配度最高？

_____

_____

4. 你希望透过该公司获得怎样的个人发展？

_____

_____

5. 该公司的未来发展方向是什么？

_____

_____

6. 如果你在该公司，未来的前途如何？为什么？（例如该公司今年预计向研发部门增加投入 8%，或许公司近几年的发展更适合技术型人才等。）

_____

_____

_____

复盘与评价

任务名称		姓名		所在团队		日期	

职业目标：_____

评价步骤：

第一步：将正在考虑的职业填写在职业目标中。

第二步：按 PLACE 模型对该职业进行客观描述。

第三步：用文字对该职业进行 PLACE 模型要素的主观评价。

第四步：以 0~5 分进行评分，从"完全没有吸引力"到"有绝对的吸引力"，评估各要素满足个人需要的程度。

第五步：计算出该职业方案的总分。

第六步：可对多个职业进行评估（按需加页），依次对各个职业进行分析、评分排序，选择得分最高的一个职业。

PLACE 模型要素	职业特点（客观描述）	职业评价（主观看法）	职业评分（完全没有吸引力→绝对有吸引力）
P – Position（职位信息）			0 1 2 3 4 5
L – Location（工作环境）			0 1 2 3 4 5
A – Advancement（发展空间）			0 1 2 3 4 5
C – Condition of Employment（待遇安排）			0 1 2 3 4 5
E – Experience & Entry Requirements（他人经验及任职要求）			0 1 2 3 4 5
评价指标	自我评价	组内互评	教师评价
要素描述完备（20分）			
模型理解透彻（20分）			
自我认知清晰（20分）			
语言表述准确（20分）			
行动计划可控（20分）			
总分（100分）			

任务 4　学会专业化生存

任务描述

SWOT 分析来自麦肯锡咨询公司，S、W、O、T 4 个字母，分别代表优势（Strengths）、劣势（Weaknesses）、机会（Opportunities）和威胁（Threats），SWOT 分析实际上是通过对内外部条件等内容进行综合和概括，进而分析自身优劣势、面临的机会和威胁的一种方法。下面，我们跟随小燕，从目标企业的招聘信息中提炼用人单位对应聘者的岗位能力要求，并结合 SWOT 分析总结自己的优势和劣势、机会和威胁，把自己的资源和行动聚集在强项和有更多机会的地方，让自己的职业发展战略变得明朗。

我在有发展前景的企业工作，就有好的职业发展了吗？

职业发展路径是需要探索的，个人与企业的匹配分析能够帮助我们找到专业化的生存之道。

老师说得对！

任务实施

Step 01 从招聘网站找到目标企业的招聘 JD（JD 是 Job Description 的缩写，即工作说明，有时也被译为岗位描述）。

建议找出 3 份目标企业的招聘 JD，将招聘职位的工作职责及任职要求填入表 3-12。

招聘信息渠道推荐如下：

就业在线 https://www.jobonline.cn	BOSS 直聘 https://www.zhipin.com	领英 https://www.linkedin.com
新职业网 https://www.ncss.cn	51JOB https://www.51job.com	58 同城 https://www.58.com
应届生求职网 http://www.yingjiesheng.com	智联招聘 https://www.zhaopin.com	应届毕业生网 https://www.yjbys.com
拉勾 https://www.lagou.com	中华英才网 https://www.chinahr.com	24365 校园招聘服务
目标公司官网		

除此之外，还可以从各地人才服务中心、国企政府网站、学校就业办公室、学校就业

网获取招聘信息，或通过知乎、内推实习机会、职业访谈等更进一步地了解岗位工作内容、工作状态和能力要求。

表 3-12　目标企业的招聘要求

招聘信息	_____ 企业 _____ 职位	_____ 企业 _____ 职位	_____ 企业 _____ 职位
工作职责	1. 2. 3. 4. 5.	1. 2. 3. 4. 5.	1. 2. 3. 4. 5.
任职要求	1. 2. 3. 4. 5.	1. 2. 3. 4. 5.	1. 2. 3. 4. 5.

Step 02 提取岗位能力要求信息，填入表 3-13。

1. 通过资料分析法，对每份招聘 JD 中的文字进行认真分析，找出用人单位明确的招聘要求，从中提炼出用人单位对该职位应聘者的能力要求。

2. 每个招聘职位都需要总结和提炼 6 条能力，并按照重要程度从大到小进行排序。

3. 在小组内部进行分析讨论，归纳出一致的意见（提炼出 3 项最重要的能力），再到班级进行分享。

小提示　（1）在进行能力提取时，要注意尊重客观事实，不要主观臆断用人单位的招聘要求。（2）可以参考藏宝箱中的理论知识，进行能力信息提炼，当然并不仅限于此，大家可根据实际情况总结归纳。

表 3-13　招聘职位的职业能力要求

招聘职位	职业能力要求
职位 1：_____	1. 2. 3. 4. 5. 6.

（续）

招聘职位	职业能力要求
职位 2: ＿＿＿＿＿＿＿	1. 2. 3. 4. 5. 6.
职位 3: ＿＿＿＿＿＿＿	1. 2. 3. 4. 5. 6.

Step 03 提炼核心岗位能力要求信息。

从表 3-13 中提炼出招聘职位的三种核心岗位能力，填入表 3-14，邀请周围同学或朋友判断其对应的职位是什么？并分析招聘职位的核心工作能力并进行重要程度排序。在此基础上，对提炼出来的核心岗位能力进行校准。

表 3-14 招聘职位的核心职业能力要求

核心岗位能力要求	1. 2. 3.	1. 2. 3.	1. 2. 3.
招聘职位	职位 1: ＿＿＿＿＿	职位 2: ＿＿＿＿＿	职位 3: ＿＿＿＿＿

Step 04 结合 SWOT 分析，总结自己的优势和劣势、机会和威胁，填入表 3-15。

表 3-15 结合目标职位的 SWOT 分析

目标职位:	岗位能力要求:
SWOT 分析	**应用思考**
优势（Strengths）:	

（续）

SWOT 分析	应用思考
劣势（Weaknesses）：	
机会（Opportunities）：	
威胁（Threats）：	

Step 05 结合 SWOT 分析，找到个人职业能力发展的专业化生存策略。

列好"S、W、O、T"后，把四个字母两两组合，产生四大策略。

1. 增长型策略：SO 策略→优势 + 机会。

请思考，你的优势和机会匹配吗？你所列出的优势，能在机会中展现吗？

优势：_____

机会：_____

策略：_____

2. 扭转型策略：WO 策略→劣势 + 机会。

请思考，面对抑制性场景，你是否有改变劣势、赢得机会的行动策略？

劣势：_____

机会：_____

策略：_____

3. 多元化策略：ST 策略→优势 + 威胁。

请思考，面对脆弱性局面，你如何充分发挥优势、创新性地改变"优势不优"的困境？

优势：_____

机会：_____

策略：_____

4. 防御型策略：WT 策略→劣势 + 威胁。

请思考，你如何克服困难，迎接真正严峻的挑战？

优势：_____

机会：_____

策略：_____

一分钟小结

1. 当面试官问你"能力和机遇，哪个更重要"时，你如何回答？

_____

_____

_____

2. 结合 SWOT 分析，请谈谈当你面对互联网、人工智能、人口结构变化等社会发展趋势时，应该采取什么策略？

_____

_____

_____

3. 为了实现你的职业目标，你将如何提升能力短板？有什么切实可行的行动计划？打算从什么时候开始执行你的计划？

核心能力：_____

行动计划：_____

何时开始：_____

复盘与评价

任务名称		姓名		所在团队		日期	

职业目标：_____

评价步骤：

第一步：将正在考虑的职业填写在职业目标中。

第二步：按 SWOT 模型对该职业进行客观描述。

第三步：用文字对该职业进行 SWOT 模型要素的主观评价。

第四步：以 0~5 分进行评分，从"完全没有吸引力"到"有绝对的吸引力"，评估各要素满足个人需要的程度。

第五步：计算出该职业方案的总分。

第六步：可对多个职业进行评估（按需加页），依次对各个职业进行分析、评分排序，选择得分最高的一个职业。

SWOT 模型要素	职业特点 （客观描述）	职业评价 （主观看法）	职业评分 （完全没有吸引力→绝对有吸引力）
S – Strengths （优势）			0　1　2　3　4　5
W– Weaknesses （劣势）			0　1　2　3　4　5
O– Opportunities （机会）			0　1　2　3　4　5
T– Threats （威胁）			0　1　2　3　4　5
评价指标	自我评价	组内互评	教师评价
要素描述完备 （20分）			
模型理解透彻 （20分）			
自我认知清晰 （20分）			
语言表述准确 （20分）			
行动计划可控 （20分）			
总分（100分）			

拓展案例

请认真阅读表 3-16 中小林的履历，分析他的求职经历有何特点。对你而言，会有哪些启发？

表 3-16 小林的履历

时间	履历	你的点评及启示
2009—2012	某农业大学毕业，食品工程专业	
2012—2013	帕玛拉特（某饮料行业的家族企业），厂区经理助理	
2013—2014	某时尚家居公司，项目部助理	
2014—2016	某地板品牌，渠道销售	
近 3 个月	光明乳业，渠道销售	

请分析：

（1）小林的职业发展轨迹有何特点？

（2）为什么会出现这样的问题？

（3）反思你自己，如何避免跟小林出现同样的问题？你有什么样的感悟？

_____

_____

_____

_____

_____

（4）对于小林的职业选择，你给出的建议是什么？

_____

_____

_____

_____

_____

藏宝箱

TC 01：点线面体的定位逻辑

如果一个人一生只能收到点状努力的计时收益，从来没有享受过一次线性周期的成果回报，这就叫穷人勤奋的一生。

点线面体的定位逻辑最初由阿里巴巴集团学术委员会主席曾鸣教授提出，后来得到梁宁的进一步发展。作为个人职业定位工具，这个理论运用于机会判断上，每个人都是一个点，你这个点依附于哪个面、哪个体，决定了你的发展速度和空间。在进行职业或事业选择时，首先要从大处着眼，选择一个崛起的体，这点尤为重要。在这个体上，再去寻找一个好的面，将我们自身安放其中，可以事半功倍。回到自己的职业发展也是"点 – 线 – 面 – 体"的逻辑。你掌握的专业技术是立足职场的"点"，依靠这个专业技术，可以做一类事。但一个人要负责一条业务线，仅靠某一方面的专业能力是不够的。当一个人具有做多类事的能力时，也就是有了多种"线"的能力，这才能支撑一个人做业务"面"的事情。而业务是否发展成功，还需要借大势，也就是借"体"的力量。当前业务是否在时代的发展大势下，从 PC 互联网，到移动互联网，到万物互联网，到人工智能，你做的事是要借哪个势呢？

希望我们都有"点 – 线 – 面 – 体"的思维，来规划我们人生这个伟大"产品"。

1. 点线面体是相对的。可以先定义体，再倒推到点；也可以先定义点，再推导到体，这样更有助于我们认清自己的位置。比如，可以将自己定义成一个点，企业就可以成为一个面，行业就形成一个经济体；也可以将企业定义成一个点，行业是个一面，整个产业就成为一个体。如可以先定义互联网行业是体，那电商算是一个面，服装业仅仅是个点。

2. 点线面体是个战略框架，定义什么是点和体取决于你的视野有多宽广。

3. 我们每个人的成长，从不同角度去看，依附于不同的面、线、体。因此，我们需要切换视角去看。例如，从职业发展的角度去看，我们依附在哪儿；从人际关系去看，我们依附在哪儿；从投资理财方面去看，我们又依附在哪儿。

4. 点线面体是个战略思考工具，即使认清位置和方向，也脱离不了我们个人的努力。即使是在一个快速崛起的体上，也可能有下沉的面和点。

TC 02：十二大行业分类列表

十二大行业分类列表见表 3–17。

我们在进行行业研究时，通常不选择一级分类行业，如"教育培训"，而选择二级分类下的细分作业，如"素质教育"。

表 3-17　行业列表

一级分类	教育培训	信息技术（IT）	金融	房地产 / 建筑	医疗医药生物	旅游休闲服务
二级分类	早幼教	云计算 / 大数据	互联网金融	房地产	医疗健康	旅游
	K12 教育	人工智能	消费金融	家居家装	健康养老	酒店
	素质教育	智能制造	金融科技	租赁住房	医疗美容	餐饮
	职业教育	智慧城市		智能家居	医疗器械	运动健身
	STEAM 教育				智能医疗	
	知识内容服务					
	在线教育					

一级分类	能源	通信服务 / 互联网	商业专业服务	文化传媒	商贸零售	汽车
二级分类	清洁能源	互联网	心理咨询	新媒体	新零售	车联网
		物联网	法律服务	广告	电商 / 跨境电商	新能源汽车
		网络安全		电子竞技	物流快递	汽车电子
				短视频	美妆零售	
				直播	母婴零售	

TC 03：行职企调研信息收集渠道

在进行职业定位时，可搜索以下信息：行业概况、发展史、发展趋势、知名企业、行业薪酬、核心岗位、校招职位……

可以从以下渠道搜集行业信息：行业数据库、行业白皮书、管理咨询公司网站、行业年会资料、师兄师姐、专业课老师、就业老师、相关人士访谈、实习……或者直接从百度中搜索关键词"××行业发展状况或发展趋势"，得到相关资讯。

表 3-18 中列举了职业调查中可利用的信息渠道，仅供参考。

表 3-18　职业调查的信息渠道

渠　　道	参考指引	你的信息来源
网站	该行业的专业网站有哪些？	
	目标公司的网站是什么？有国外的主站吗？（外企）	
	该行业 / 公司的网络论坛有哪些？	
书面材料	该行业的专业书籍有哪些？	
	该行业的行业杂志有哪些？	
	该行业的报纸有哪些？	

（续）

渠　　道	参考指引	你的信息来源
会议	该行业有哪些重要的国际、国内会议？有哪些行业年会、研讨会、展览会？	
	会议参与人员有哪些？	
	如何获得参与会议的机会？	
讲座	有哪些相关的行业讲座可以参加？	
	如何获取这些讲座的信息？	
职业访谈	你的亲戚朋友	
	你的同学或师兄师姐	
	目标公司或从事目标职位工作的人士	
	目标公司的客户或竞争对手	
	通过上述朋友推荐的相关人士	
实习	有哪些实习岗位可以了解到该职业？	

TC 04：八大工作职能

通常情况下，我们将企业内部的工作岗位划分为八大职能，随着经济社会的快速发展，现代社会分工和专业化程度日益增强，上述企业八大职能也逐渐整合成三大板块：生产和研发逐渐融合成产品板块；市场、销售、客户服务逐渐整合为运营板块；人力、财务、行政，慢慢变成一个经营后台，叫中控。具体见表 3-19。

表 3-19　企业内部的工作职能

职能板块	工作职能	具体工作内容
产品	生产	提供有价值的产品或者服务，比如心理咨询、培训
	研发	技术的研发、产品的持续升级和开发
运营	市场	把商品、品牌信息传递给客户，促进产品销售
	销售	把商品销售给目标客户，换回利润
	客服	解答客户问题，提供相关服务，提高满意度，是企业接触客户最深入的部门
中控	人力	人才的选（招聘）、育（培训）、用（绩效考核）、留（上升通道、企业文化）
	财务	财务的收纳支出、财务预算以及投融资、上市等
	行政	处理公司的基础行政事务，办公室环境配置、网络资源配置等

TC 05：常见的五种职业能力

在表 3-20 中，列出了战略决策、组织管理、执行监控、沟通影响、变革成长五种常见的职业能力，并细化了维度，供大家参考。

表 3-20　常见的五种职业能力

战略决策	组织管理	执行监控	沟通影响	变革成长
战略理解与执行 客户导向 结果导向 分析判断 决策能力	培养下属 团队建设 授权管理 任务分配 绩效管理 规划安排 成本管理 团队合作	责任心 积极主动 诚信正直 严谨细致 情绪控制 自主独立 问题解决 信息收集	影响说服 人际关系经营 沟通能力 亲和力 感召力 协调能力 激励他人	抗压能力 灵活应变 自信心 自我提升 学习能力 创新能力 社会适应 职业稳定性

TC 06：六大行业的人才需求重点

在表 3-21 中，列举了六大行业在人才招聘方面的需求重点，供大家参考。

表 3-21　六大行业的人才需求重点

行业类别	人才需求重点
房地产行业	专业能力、求职意愿 要求：抗压能力、组织协调能力、逻辑分析能力、沟通表达能力、应变能力
机械制造行业	专业能力、求职动机、工作适应性、个人素质 要求：学习能力、团队合作能力、沟通表达能力、逻辑思维能力
计算机及 互联网行业	专业能力、求职意愿、求职动机 要求：学习创新能力、团队协作能力、逻辑思维能力、沟通表达能力
金融行业	举止仪表、专业能力、人格品质、发展潜力和职业稳定性 要求：抗压能力、逻辑思维能力、沟通表达能力、组织协调能力
消费品行业	与企业文化的匹配度 要求：服务意识、解决问题的能力、灵活应变能力、积极勤奋
生物制药行业	专业匹配度 要求：学习能力、沟通能力、灵活应变能力

注：资料来源为北森云计算公司。

TC 07：行业生命周期曲线

行业生命周期的概念来源于产业经济学，用来解释关注"时机"的重要性。行业生命周期模型假定企业在生命周期中的每一个阶段中的竞争状况都不同，与其所处的行业发展息息相关；行业也有自己的生命周期，分为曙光期、朝阳期、成熟期、夕阳期，如图 3-4所示。

行业生命周期的第一阶段是曙光期。一群理想主义者发现需求并划出一片地，勤勤恳恳地做完基础设施的建设工作。

行业生命周期的第二个阶段是朝阳期。需求增多，第一拨人发现商机，新产业出现；行业扩张，第二波人涌入，进入激烈竞争阶段；行业成熟，第三拨人努力挤入，分食剩余空间。

行业生命周期的第三个阶段是成熟期。行业稳固，第四拨人接盘，获取微薄利润。

行业生命周期的第四个阶段是夕阳期。行业下滑，有人留守，有人迁移寻找新的机会。

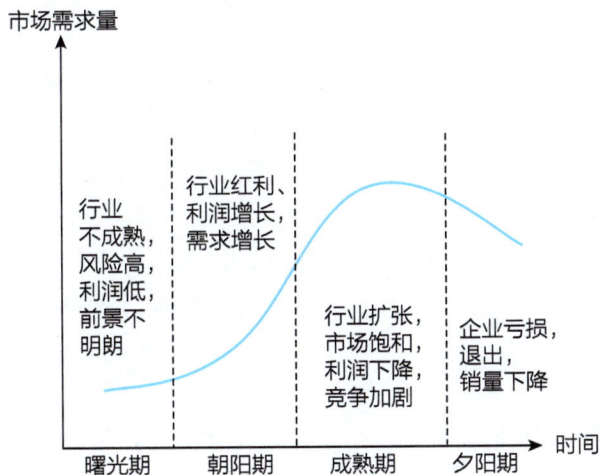

图 3-4 行业生命周期图

项目四　规划职业生涯

学习目标

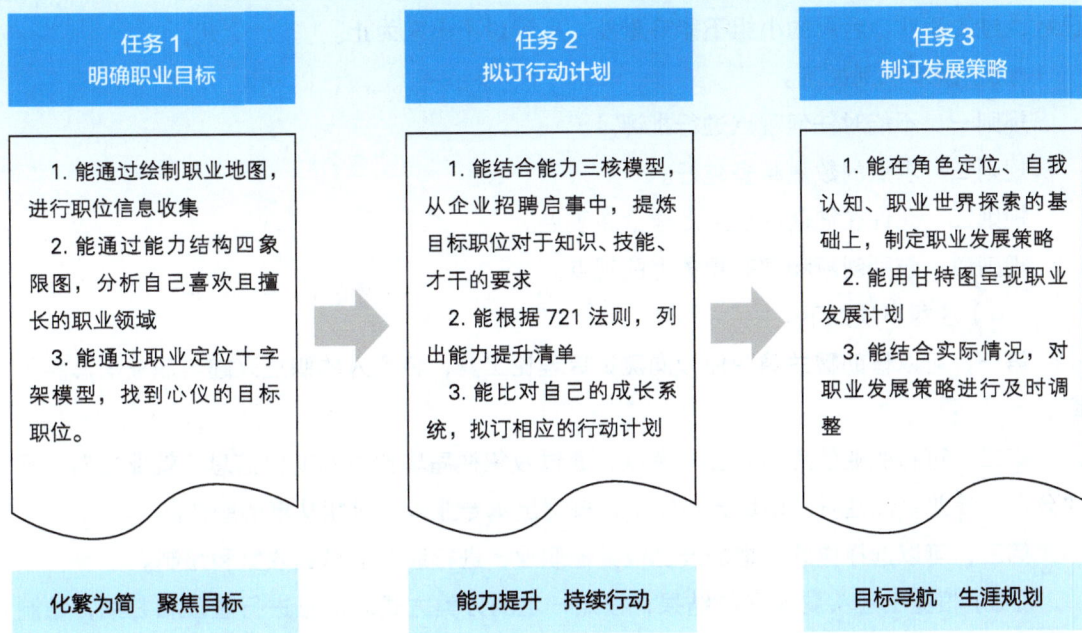

任务 1 明确职业目标	任务 2 拟订行动计划	任务 3 制订发展策略
1. 能通过绘制职业地图，进行职位信息收集 　2. 能通过能力结构四象限图，分析自己喜欢且擅长的职业领域 　3. 能通过职业定位十字架模型，找到心仪的目标职位。	1. 能结合能力三核模型，从企业招聘启事中，提炼目标职位对于知识、技能、才干的要求 　2. 能根据 721 法则，列出能力提升清单 　3. 能比对自己的成长系统，拟订相应的行动计划	1. 能在角色定位、自我认知、职业世界探索的基础上，制定职业发展策略 　2. 能用甘特图呈现职业发展计划 　3. 能结合实际情况，对职业发展策略进行及时调整
化繁为简　聚焦目标	能力提升　持续行动	目标导航　生涯规划

任务 1　明确职业目标

任务描述

　　完成职业生涯的角色定位、兴趣定向、能力定标后，小燕希望能够为自己的职业定策。怎样找到跟自己的兴趣和能力对应的工作？什么类型的工作真正适合自己？小燕在老师的指导下，将职业定策分三步走：第一步，通过绘制职业地图进行信息收集；第二步，通过能力结构四象限分析自己的职业领域；第三步，通过职业定位十字架找到目标职位。让我们跟随小燕一起完成职业定策吧！

> 老师，现在各种招聘信息太多，看得人眼花缭乱，我到底该怎样挑选适合自己的工作呢？

> 先给你这种深入探究的劲头点个赞。其实你可以借助职业地图、能力结构四象限和职业定位十字架这三种工具，帮助你确定目标职位！

> 太好了！我的行囊里又要多了三样宝贝！

任务实施

Step 01 利用头脑风暴法，收集职业信息，绘制职业地图。

问题：请说出你能够想到的与你所学专业相关的职业？

（1）每个小组有 2 分钟的思考时间。

（2）每个小组需要说出 2 种相关职业，其他小组按照接龙方式以此类推，前面小组已经说过的职业，后面的小组不能够重复，直到说不出来为止。

（3）游戏规则如下。

规则一：不能对任何观点进行批评。

规则二：观点的数量越多越好。

规则三：允许在彼此的观点上建立新观点。

规则四：鼓励创新和富有想象力的观点。

（4）注意事项如下。

第一，可以借助霍兰德职业倾向测试等理论工具，将个人的职业兴趣与职业信息相关联。

第二，可将职业信息与专业相关联，通过收集往届毕业生的就业信息（就业去向、行业分布、就业单位性质、地域分布等），梳理出本专业未来可能从事的职业。

第三，可以选择你感兴趣的产品或其他职业，进行职业信息的收集和绘制。

（5）根据上述头脑风暴的结果，按照一定的分类方式对信息进行整理和归纳，绘制你的职业地图。

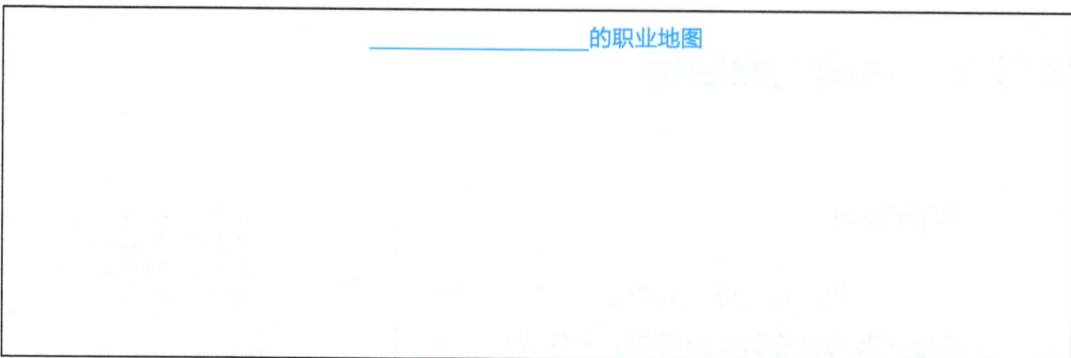

_____的职业地图

小提示 职业地图可以按照 Y 轴为"事务处理（Data）与心智思考（Idea）"、X 轴为"与物接触（Thing）与"与人接触（People）"进行职业信息分类。

Step 02 绘制能力结构四象限图。

1. 确定你的能力优势区域。

（1）你平时更擅长和人打交道，还是更擅长跟事打交道？

你的选择：_____

你的理由：_____

（2）你更擅长抽象还是具体？

你的选择：_____

你的理由：_____

2. 明确你的能力优势区域，并解释适合这个区域的相关工作职能。图 4-1 为基于职业地图的能力结构四象限图。

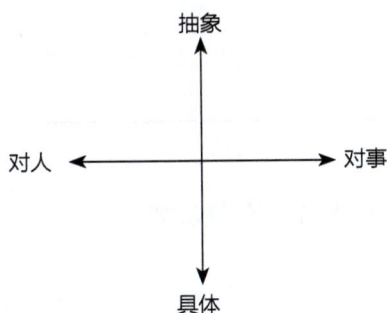

图 4-1　基于职业地图的能力结构四象限图

（1）你喜欢并擅长的是哪个领域？

　　　　　　　　□ 服务型　　　□ 管理型　　　□ 研究型　　　□ 技术型

（2）这个领域有哪些适合的工作内容？

_____

_____

Step 03 利用职业定位十字架模型，找到合适的职业，填入表 4-1。

表 4-1　目标职业

目标职业	职业 1：_____	职业 2：_____	职业 3：_____	职业 4：_____
兴趣得分				
你的理由				
能力得分				
你的理由				

Step 04 绘制职业定位十字架模型，找到职业发展策略，填入表 4-2。

表 4-2 ＿＿＿＿＿＿＿＿的职业定位十字架

优势：	退路：
潜能：	盲区：

请思考：

（1）你的目标职位与能力优势的匹配情况如何？

_____

_____

_____

_____

_____

（2）下一步你打算如何基于能力优势调整自己的工作重心？

_____

_____

_____

_____

_____

（3）到底是要多做一些优势领域的工作，还是根据岗位工作提升能力优势？

_____

_____

_____

_____

⏱ 一分钟小结

做完这部分任务后，你有什么感触和启发吗？请列出对你影响深刻的 3 点启发和你打算采取的 1 个行动，填入表 4-3。

表 4-3 3 点启发和 1 个行动

启发	1.
	2.
	3.
行动	

复盘与评价

任务名称		姓名		所在团队		日期	

1. 绘制你的职业地图，并在空白处进行具体描述和说明。

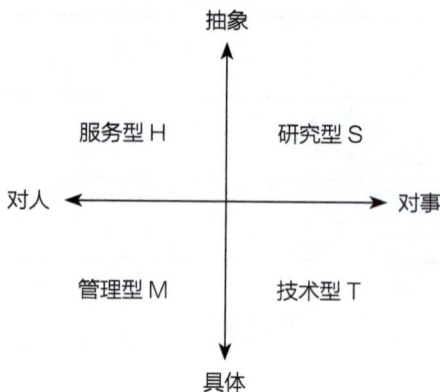

```
                        抽象
                         ↑
                         |
          服务型 H        |      研究型 S
                         |
    对人 ←───────────────┼───────────────→ 对事
                         |
          管理型 M        |      技术型 T
                         |
                         ↓
                        具体
```

2. 请用思维导图进行复盘，并呈现对你影响深刻的启发和你打算采取的行动。

评价指标	自我评价	组内互评	教师评价
类型描述完备（20分）			
职业理解透彻（20分）			
自我认知清晰（20分）			
语言表述准确（20分）			
行动计划可控（20分）			
总分（100分）			

任务 2　拟订行动计划

任务描述

明确职业目标后，小燕要进一步拟订自己的行动计划。首先，她通过对招聘 JD 的分析，提炼职位对于应聘者知识、技能、才干的要求；然后，根据 721 法则，列出能力提升清单；最后，比对自己的成长系统，形成能力提升行动计划。让我们跟随小燕的思路，来制订自己的行动计划吧！

> 老师，职业规划最核心的到底是什么呀？该如何执行呢？

> 想拟订行动计划，为师这里还有能力三核法、721 法则宝贝赠予你！

> 谢谢老师！

任务实施

Step 01 阅读藏宝箱资料，了解职业能力的定义，用简练的语言填写表 4-4。

表 4-4　职业能力要素总结

能力要素	知　　识	技　　能	才　　干
定义			
举例			
策略			
呈现			

Step 02 阅读目标职位的招聘 JD，分析目标职位的能力要求，提炼有待提升的职业能力要素，填入表 4-5。

表 4-5　能力提升项清单

能力要素	目标岗位要求	有待提升的能力项
知识		
技能		
才干		

Step 03 基于有待提升的能力项，写下你的觉察与思考。

1. 知识层面

（1）你需要什么专业或履历？

_____

_____

_____

（2）你需要什么认证？

_____

_____

_____

（3）你需要读完什么课程、书？

_____

_____

_____

2. 技能层面

（1）你需要什么专业认证？

_____

_____

_____

（2）你需要什么显性成果？

_____

_____

_____

3. 才干层面

（1）你需要什么成就故事证明你的才干？

_____

_____

_____

_____

（2）你拥有什么样的个人口碑？

_____

_____

_____

_____

Step 04 制定能力提升的行动计划。

1. 依据以上思考，绘制能力提升思维导图。

2. 依据 721 法则，在能力提升思维导图的基础上，在表 4-6 中列出你的能力提升清单。

小提示 想要快速获得或者提升能力，最好的办法就是运用 721 法则，即用 10% 的时间和精力去学习知识，20% 的时间和精力与人交流和沟通，再把 70% 的时间精力投入到相关实践中。

表 4-6　能力提升清单

要看的三本书籍	书籍 1：	书籍 2：	书籍 3：
要进的三个圈子	圈子 1：	圈子 2：	圈子 3：
要做的三件事情	事情 1：	事情 2：	事情 3：

3. 在表 4-7 中列出你的成长系统。

表 4-7　成长系统

榜样			
导师			
见证人			
伙伴			
竞争者			

4. 制订大学期间你的能力提升行动计划，填入表 4-8。

表 4-8　能力提升行动计划

能力提升目标	行动策略	预计完成时间	能力提升结果
知识层面： 　　1. 　　2. 　　3.			
技能层面： 　　1. 　　2. 　　3.			
才干层面： 　　1. 　　2. 　　3.			

⏱ 一分钟小结

做完这部分任务后，你有什么感触和启发吗？请写出你的 1 点启发和即将采取的 3 个行动，填入表 4-9。

表 4-9　1 点启发和 3 个行动

1 点启发	一份怎样的职业会让你在未来过上想要过的生活？ 你的职业目标：
3 个行动	你打算对未来的职业目标做的最有意义的三件事是： 1. 2. 3.

复盘与评价

任务名称		姓名		所在团队		日期	

职业目标：_____

评价步骤：

第一步：将正在考虑的职业填写在职业目标中。

第二步：按能力三核模型对该职业的能力需求进行客观描述。

第三步：用文字对该职业进行自我能力的主观评价。

第四步：以0~5分进行评分，从"完全没有吸引力"到"有绝对的吸引力"，评估各要素满足个人需要的程度。

第五步：计算出该职业方案的总分。

第六步：可对多个职业进行评估（按需加页），依次对各个职业进行分析、评分排序，选择得分最高的一个职业。

能力要素	职业需求 （客观描述）	能力评价 （主观看法）	职业评分 （完全没有吸引力→绝对有吸引力）
K – Knowledge （知识）			0 1 2 3 4 5
S – Skill （技能）			0 1 2 3 4 5
C – Competence （才干）			0 1 2 3 4 5
评价指标	自我评价	组内互评	教师评价
要素描述完备 （20分）			
职业理解透彻 （20分）			
自我认知清晰 （20分）			
语言表述准确 （20分）			
行动计划可控 （20分）			
总分（100分）			

任务3　制订发展策略

任务描述

职业发展策略能够充分体现个人职业生涯规划的方向、目标和路径，小燕在角色定位、自我认知和探索职业世界的基础上，对个人职业生涯进行持续的、系统的规划，让我们跟随小燕一起制订自己独有的职业发展策略吧！

> 写职业生涯规划书感觉就像西天取经一样难！
>
> 九九八十一难已经走完七十五难，走完这最后六步，即可见真经！
>
> 多谢老师！

任务实施

按照角色定位、认知自我、探索职业世界的顺序，边回忆、边总结，完成职业生涯规划书吧！

Step 01 角色定位。在职业发展策略中，你需要完成你作为哪些角色的使命呢？

_____

_____

_____

_____

Step 02 认知自我。可从兴趣、能力和价值观等方面来认知自我。

_____

_____

_____

Step 03 职业分析。通过绘制职业地图帮助自己收集和分析职位信息！

_____

_____

_____

_____

_____

Step 04 职业定位。尝试从能力结构四象限和职业定位十字架进行职业定位。

_____

_____

_____

_____

_____

Step 05 计划与实施。可以用甘特图呈现详细的职业发展计划，填写表 4-10。

表 4-10　职业发展计划甘特图

阶段	计划内容	具体任务	起止时间											
			1	2	3	4	5	6	7	8	9	10	11	12
I														
II														
III														
IV														
V														

Step 06 评估与调整，职业生涯规划是一个动态的过程，需根据外部环境及实施结果，对职业发展策略进行及时的评估与修正，填写表 4-11。

小提示 为方便区分，建议每一次调整都用不同颜色的笔予以标识。

表 4-11　职业发展策略调整记录表

调整依据	评估内容	评估时间 1	评估时间 2	评估时间 3
是否需要重新选择职业？	职业目标评估			
是否需要调整发展方向？	职业路径评估			
是否需要改变行动策略？	实施策略评估			
身体、家庭、机遇、经济状况或者意外情况发生变化？	其他因素评估			

⏱ 一分钟小结

　　做完这部分任务后，你有什么感触和启发吗？请在表 4-12 写出你的 1 点启发和即将采取的 3 个行动。

表 4-12　1 点启发和 3 个行动

1 点启发	通过生涯规划书系统地梳理自己的职业生涯后，你最大的感触是什么？
3 个行动	你的短期规划：针对短期规划，接下来的 1~2 个月你将执行的 3 个行动是什么？ 1. 2. 3.

复盘与评价

任务名称		姓名		所在团队		日期	

_____的生涯规划档案

一、你如何描述自己

1. 你的霍兰德类型：_____、_____、_____

2. 霍兰德职业兴趣类型符合你自身情况的描述有：

_____　　_____

_____　　_____

二、职业清单

1. 符合你霍兰德职业兴趣类型的职业有哪些？（尽可能多列，按需加页）

职业 1：_____　　霍兰德代码（3 个字母）：_____

职业 2：_____　　霍兰德代码（3 个字母）：_____

职业 3：_____　　霍兰德代码（3 个字母）：_____

2. 这些职业有无共通之处？请思考，什么样的职业能使你感到满意？

_____

三、你的价值观

1. 你最重要的价值观是：_____、_____、_____

2. 具体说明这些最重要的价值观，对你而言意味着什么以及你如何主张自己的价值观？

价值观 1：_____　　具体含义：_____

价值观 2：_____　　具体含义：_____

价值观 3：_____　　具体含义：_____

四、你的能力

1. 知识部分：你最重要的五项专业技能（名词）

（1）_____（2）_____（3）_____（4）_____（5）_____

2. 技能部分：你最重要的五项可迁移技能（动词）

（1）_____（2）_____（3）_____（4）_____（5）_____

3. 才干部分：你最重要的自我管理能力（形容词）

（1）_____（2）_____（3）_____（4）_____（5）_____

五、目标设立及行动计划

1. 结合兴趣、能力、价值观，我确定的职业目标是：_____（一句话描述）

2. 为实现职业目标，我还需要以下信息和帮助：

_____

_____

3. 在接下来的一个月时间里，我有如下行动计划：

_____

_____

（续）

评价指标	自我评价	组内互评	教师评价
生涯档案完备（20分）			
职业理解透彻（20分）			
自我认知清晰（20分）			
语言表述准确（20分）			
行动计划可控（20分）			
总分（100分）			

拓展案例

经过一个学期的学习，小林明确了自己的职业定位——零售行业的门店店长。职业目标是希望自己拥有专业知识和技术技能，职业路径是零售行业运营管理职业群，业务聚焦于数据分析、品类管理、商品陈列、客户关系管理、团队管理以及运营管理等工作。请你根据所学，帮助小林明确他的职业规划的核心内容。

请分析：

（1）根据你对此案例的分析，零售行业门店店长岗位对于知识、能力、才干的要求是什么？

（2）根据 721 法则，对比你的知识、技能、资源和可行性，列出你的能力提升清单。

（3）对比你的成长系统，若要成为零售行业的门店店长，制订你的能力提升行动计划。

藏 宝 箱

TC 01：职业地图

　　劳动学家和生涯研究人员按照务实、务虚和关注人、事两个维度，将人分成不同类型，并根据不同的人格类型对职业进行分类，由此得出职业地图。在信息发达的社会，职业信息层出不穷，职业种类也十分繁多。我们也许做不到了解所有的职业信息，但是按照一定的规则，把一个庞大的主题分成若干个小块，对职业进行分类，可以有序、有逻辑地对职业信息进行查找。

维度 1：务实 / 事务推进 ←—→ 务虚 / 心智思考

　　从职业内涵来说，有些人做事依靠概念的思考、心智的创作，很难标准化；而有些人做事则依靠具体的事务、务实的流程，有清晰的标准。

维度 2：关注人 ←—→ 关注事

　　从职业的层面来说，有些职业直接和人打交道、和外界做链接；有些职业则和事务、数据打交道，在产品和服务背后与人沟通。

　　以视频制作为例，里面既有编剧、演员、导演的心智思考和创作，又有制片人、推广、制作的事务推进。演员、导演都是对人的工作，而剪辑、后期都是对事的工作。在一个企业里，研发、战略、行业调研都属于心智思考，经营、营销、财务都属于事务推进。

　　收集感兴趣的职业信息是职业生涯规划的核心部分，职业选择的成功很大程度上取决于我们收集到的信息。如图 4-2 所示，我们能够了解足够多的职业信息，从而可以做出是否接受该工作的决定。

TC 02：能力优势矩阵

　　通过对人对事、务实务虚这两个维度，将人分成四种类型——服务型、管理型、研究型和技术型，如图4-3所示。

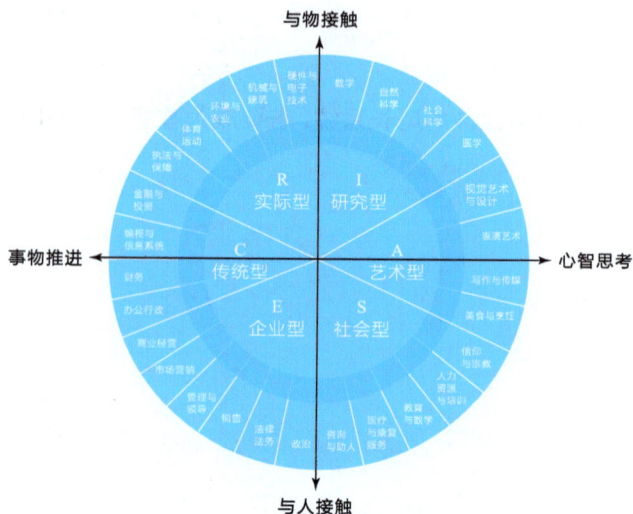

图 4-2　职业地图

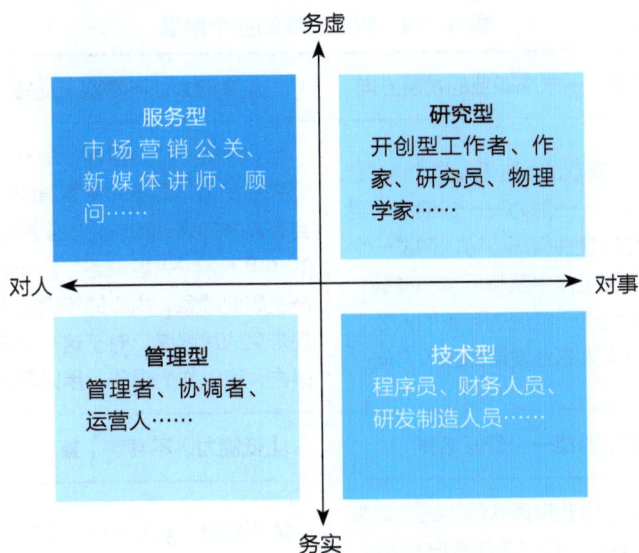

图 4-3　能力优势矩阵

第一类人是管理型，他们倾向于跟人打交道，需要明确指标。管理型的本质是通过人来拿结果。管理型的人，通常能成为识人用人的高手，善于协调，提高整个团队的战斗力。他们适合成为管理者、协调者或者运营高手。

第二类人是技术型，他们倾向于跟事打交道，关注数据，需要明确指标。技术型的人一般十分严谨，关注逻辑、流程和细节，适合成为研发制造人员和财务人，像 CTO、CFO 这样的人。

第三类人是服务型，他们倾向于跟人打交道，追求理念，给人提供物质和精神上的服务。服务型的人比较擅长表达，一般适合做媒体类型的工作，如市场营销、传播、公关、新媒体；同时，他们也比较适合做专业工作者，比如做专业的自由讲师、咨询顾问，可以给人提供一些方案、建议和陪伴，比如生涯规划师。

第四类人是研究型，他们倾向于跟事打交道，没有明确指标。研究型的人一般拥有前瞻的理念和想象力，是潜在的战略型人才，适合成为学者、研究者、作家、物理学家。在组织里，他们做一些开创型的工作或者做战略投资相关的事情，是团队里的军师。

TC 03：职业定位十字架

运用霍兰德的职业定位十字架，一方面从就业形势入手，挖掘一个职位的最大潜力；另一方面从剖析个体入手，明确个体胜任一个职位所需的知识和能力，并最终确定职业发展的四个象限，见表 4-13。

表 4-13 职业发展的四个象限

【高能力、喜欢】优势——未来职业的发展方向	【高能力、不喜欢】退路——糊口的工作
第二象限：能力高，又喜欢的，这无疑是个人"优势"所在，兴趣——投入——能力——成绩——更多兴趣，可以形成完美的良性循环，可以激发一个人的内在动力，个人会在工作中获得乐趣和成绩，有极大概率使得个人成为这一领域的专家型人才。这一职业领域可以作为未来职业发展的主攻方向	第一象限：能力足够，却不喜欢的，这是职场中"骑驴找马"现象的主要原因。能力足够，意味着会有良好的表现和较为安全的栖身环境；但在时间的作用下，"兴趣缺乏"这一因素，容易让一个人产生职业倦怠，内心的不满足感会逐渐替代职业表现带来的成就感。对于这一领域的职业，一定时间段内，可以作为退路，用以养家糊口
【低能力、喜欢】潜能——爱好培养	【低能力、不喜欢】盲区——放弃/尝试探索
第三象限：能力不高，但非常喜欢的，遇到此类职业，一般会在"个人喜好"和"工作产出与回报"上做出权衡。能力不够，意味着事倍而功半，大量时间、精力、钱和物的投入，可能换不回真正被认可的职业表现和成绩。这一领域的职业，建议当作"爱好"培养，短期内不适宜投入主要精力。可以在兴趣的坚持下，持续提升个人技能，等待风口	第四象限：能力不够、又不喜欢的，建议直接放弃尝试和探索，尤其在职业早期。不喜欢的职业或工作，很难具有内在动力去提升自身能力，能力不足——成绩不佳——兴趣缺乏——投入减少——能力弱化，只能形成一个越来越差的恶性循环。在这类职业选项中纠结，只会浪费时间

TC 04：职业能力

职业能力即个体将所学的知识、技能和才干，在特定的职业活动或情境中，进行类化迁移与整合所形成的，能完成一定职业任务的能力，能力三核如图 4-4 所示。职业能力是通过工作结果来呈现的，具体见表 4-14。

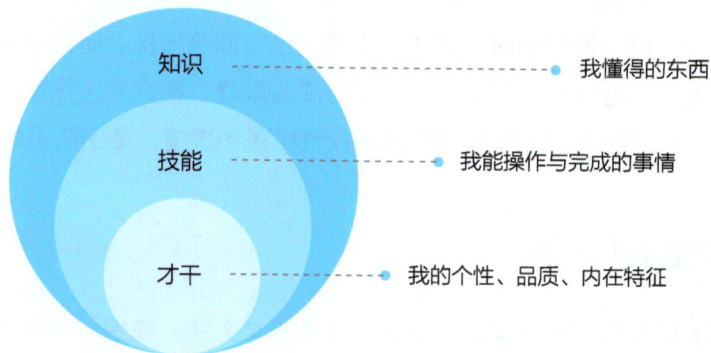

知识 ········· 我懂得的东西

技能 ········· 我能操作与完成的事情

才干 ········· 我的个性、品质、内在特征

图 4-4 能力三核

表 4-14 职业能力要素

能力要素	专业知识	通用技能	才干和品质
核心要素	所掌握的陈述性知识、程序性知识	能操作并完成的事情	有天赋，也有长期习得；常被用来形容人的个性、品质、特征
迁移特点	无法迁移，需要重新学习	可从工作、生活的其他方面迁移	生活的所有领域，常是无意识的使用
获取途径	学校课程、课外培训、辅导班、自学、休闲娱乐、实习、岗前培训等	与知识组合变成职业能力	需要深度的自我探索
注意要点	不一定仅仅来自学校，重要性常常被夸大	往往与知识绑定，忽略可迁移性	对于职业生涯的发展有很大贡献，但单一才干无法被识别，需要与知识技能组合

注：资料来源为新精英生涯。

参 考 文 献

[1] Rokeach M. The nature of human values [M]. New York: Free Press，1973.

[2] Bond M H.The handbook of Chinese psychology[M]. Hong Kong: Oxford University Press，1996.

[3] 杨宜音. 社会心理领域的价值观研究述要 [J]. 中国社会科学，1998(2): 82-93.

[4] Schwartz S H. Advances in experimental social psychology[M]. New York: Academic Press，1992.

[5] 金盛华，郑建君，辛志勇. 当代中国人价值观的结构与特点 [J]. 心理学报，2009，41(10): 1000-1014.

[6] Zhang C.5WHY 问题分析法 [EB/OL].(2017-02-10)[2020-11-06]. https://wenku.baidu.com/view/45ef1cf6a48da0116c175f0e7cd184254b351bbd.html.

[7] 富兰克林. 富兰克林自传 [M]. 亦言，译. 北京：中国友谊出版社，2013.

[8] 德鲁克. 管理的实践 [M]. 齐若兰，译. 北京：机械工业出版社，2019.

[9] 于广涛，富萍萍，曲庆，等. 中国人的人生价值观：测量工具修订与理论建构[J]. 南开管理评论，2016(6): 70-80.

[10] 戈夫曼. 日常生活中的自我呈现 [M]. 冯钢，译. 北京：北京大学出版社，2008.

[11] 齐忠玉. 乔哈里窗沟通法 [M]. 北京：中国电力出版社，2000.